آموزش زبان فارسی

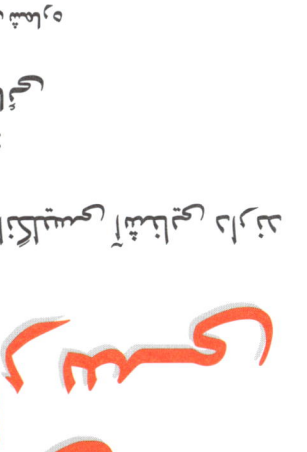

برای نوآموزانی که به زبان انگلیسی آشنایی دارند

تألیف:
صدیقه بنائی

این کتاب تحت شماره

00   090775

در کتابخانه کنگره به ثبت رسیده است.

Learning Farsi

For Students with Limited Knowledge of English Language

By: Sedigheh Banaie

Library of Congress Catalogue No.

0775

نام کتاب: آموزش زبان فارسی (برای نوآموزانی که به زبان انگلیسی آشنایی دارند)

مؤلف: صدیقه بنائی (سجّادی)

چاپ دوم: بهار ۱۳۸۴ هجری شمسی (۲۰۰۵ میلادی)

ناشر: مؤلف

امور آماده سازی اولیه: مهرداد افشار

طراحی و اجرا: کورش و افروز توکل - بخش طراحی شرکت کتاب

حق هرگونه چاپ و نشر محفوظ و مخصوص مؤلف است.

© Copyright 2005- Sedigheh Banaie (Sajadi)

ISBN: 1-59584-038-9

Ketab Corp.
1419 Westwood Blvd.
Los Angeles, CA 90024 U.S.A.
Tel: (310) 477-7477
Fax: (310) 444-7176
Website: www.Ketab.com
e-mail: Ketab1@Ketab.com

ܘܐܕܡܐ

به مـادران و پدرانی کـه عـلاقـه‌مند آموزش زبان فارسی به فرزندان خود می‌باشند تقدیم می‌گردد.

زبان، مـؤثرترین عـامل توسـعـه فـرهنگ در جامعه می‌باشد. ما ایرانیان دارای فرهنگ بسیار غنی و باارزشی هستیم و وظیفه داریم این مـیـراث فـرهنگی را دست به دست به فرزندان ایران‌زمین و نسل آینده واگذار کنیم. بدون شک این کتاب نیز به مانند هر اثر دیگر، خالی از اشکال نخواهد بـود و به همین جهت از کلیه خـوانندگـان بـه ویـــــژه افراد صاحب‌نظر، تقاضا می‌شـود، منت گذارده و هرگونه پیشنهاد خود را در جهت بهبود این کتاب به‌منظور اعمال در چاپ های بعدی با شـمـاره فکس مـؤلف ۶۴۰۵-۴۷۶-۳۱۰ «آمریکا» در مـیـان بگذارند.

با سپاس فراوان – مؤلف

Design & Layout by Kourosh & Afrooz Tavakol

آ ا

a ä

äb
آب
Water

ب ب

B b

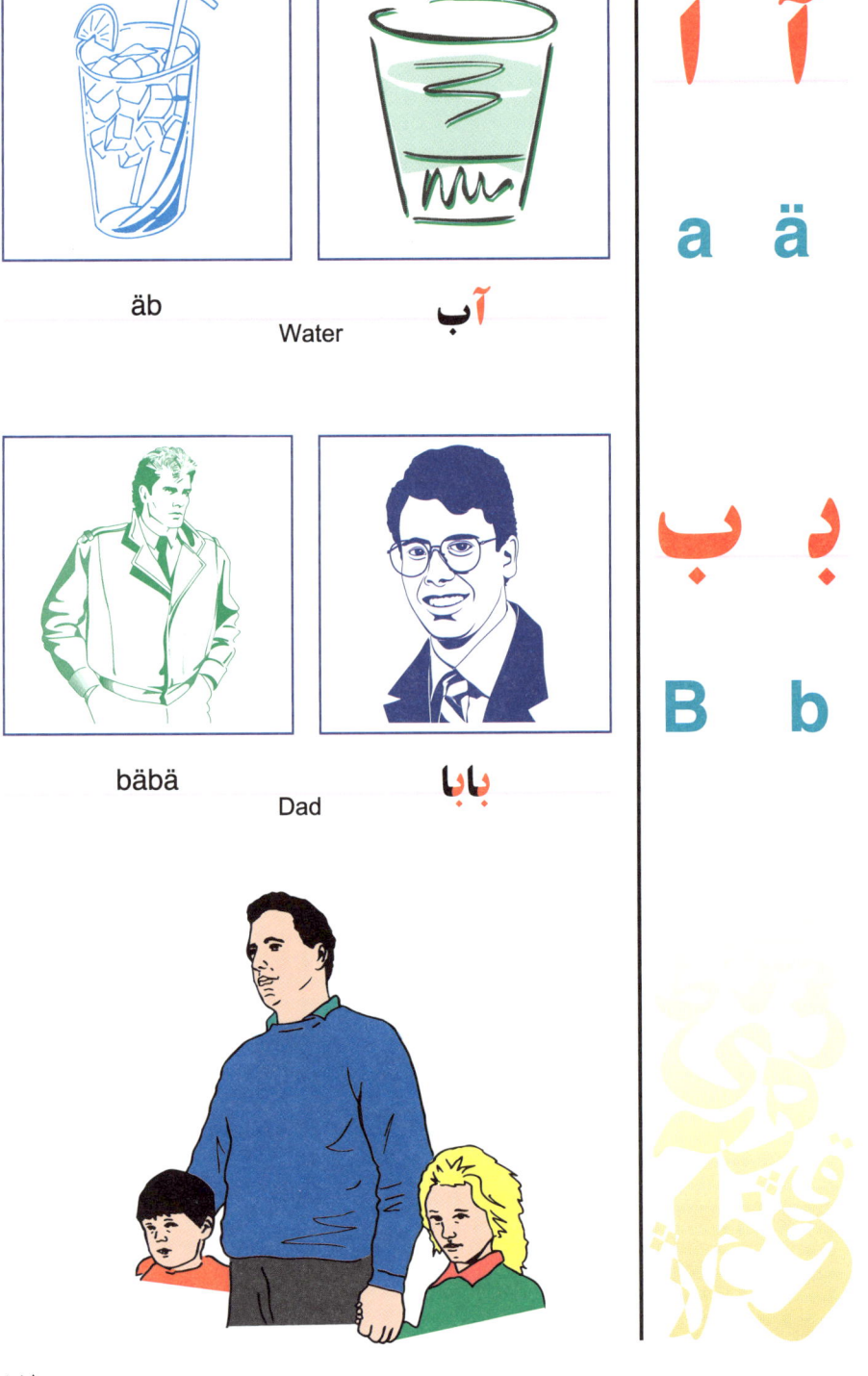

bäbä
بابا
Dad

1 / ١

ن ن

N n

د

D

نان
nän
Bread

آن
än
That

باد
bäd
Wind

داد
däd
Give

بابا نان داد.

بابا آب داد.

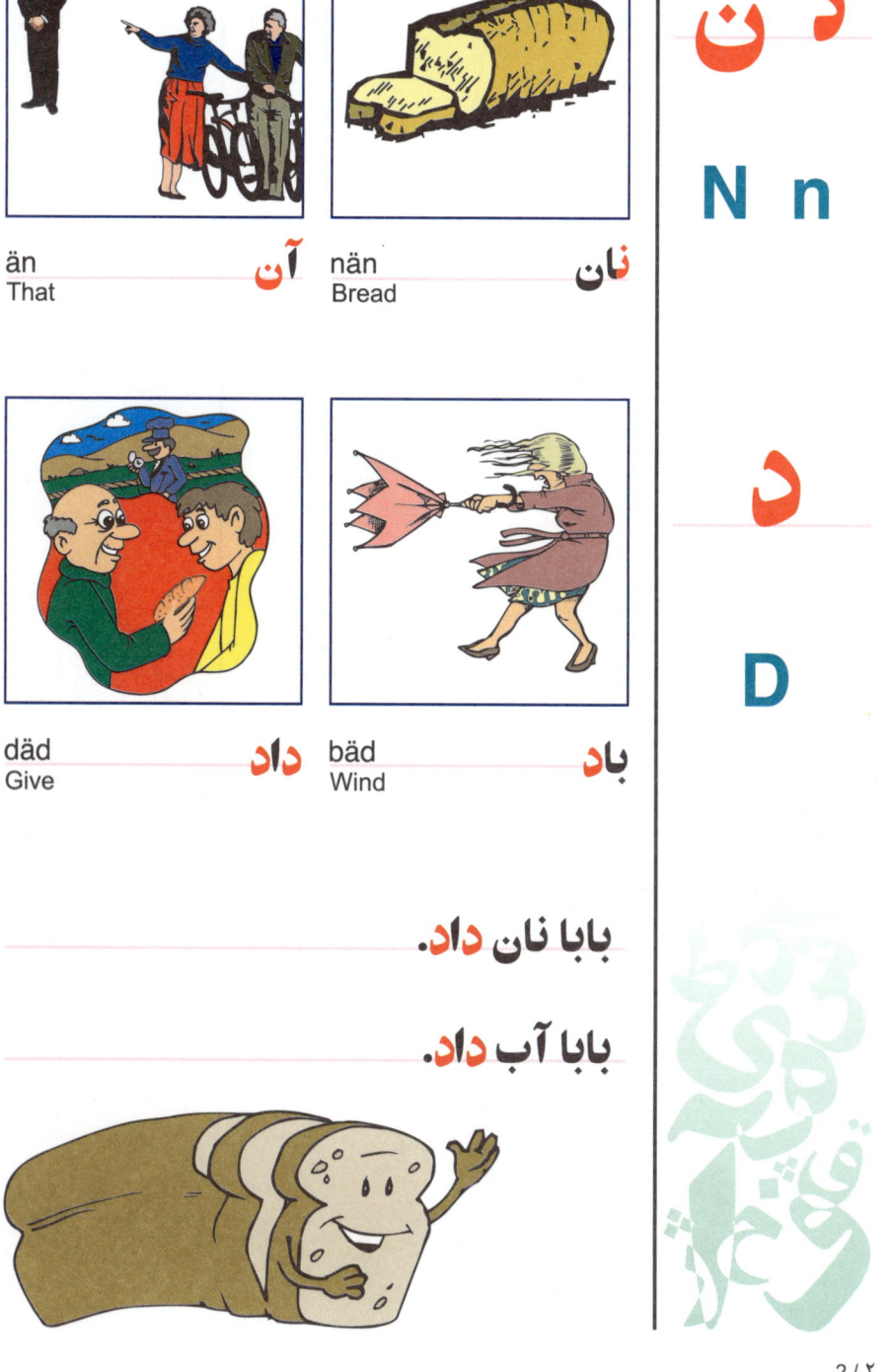

ر
r

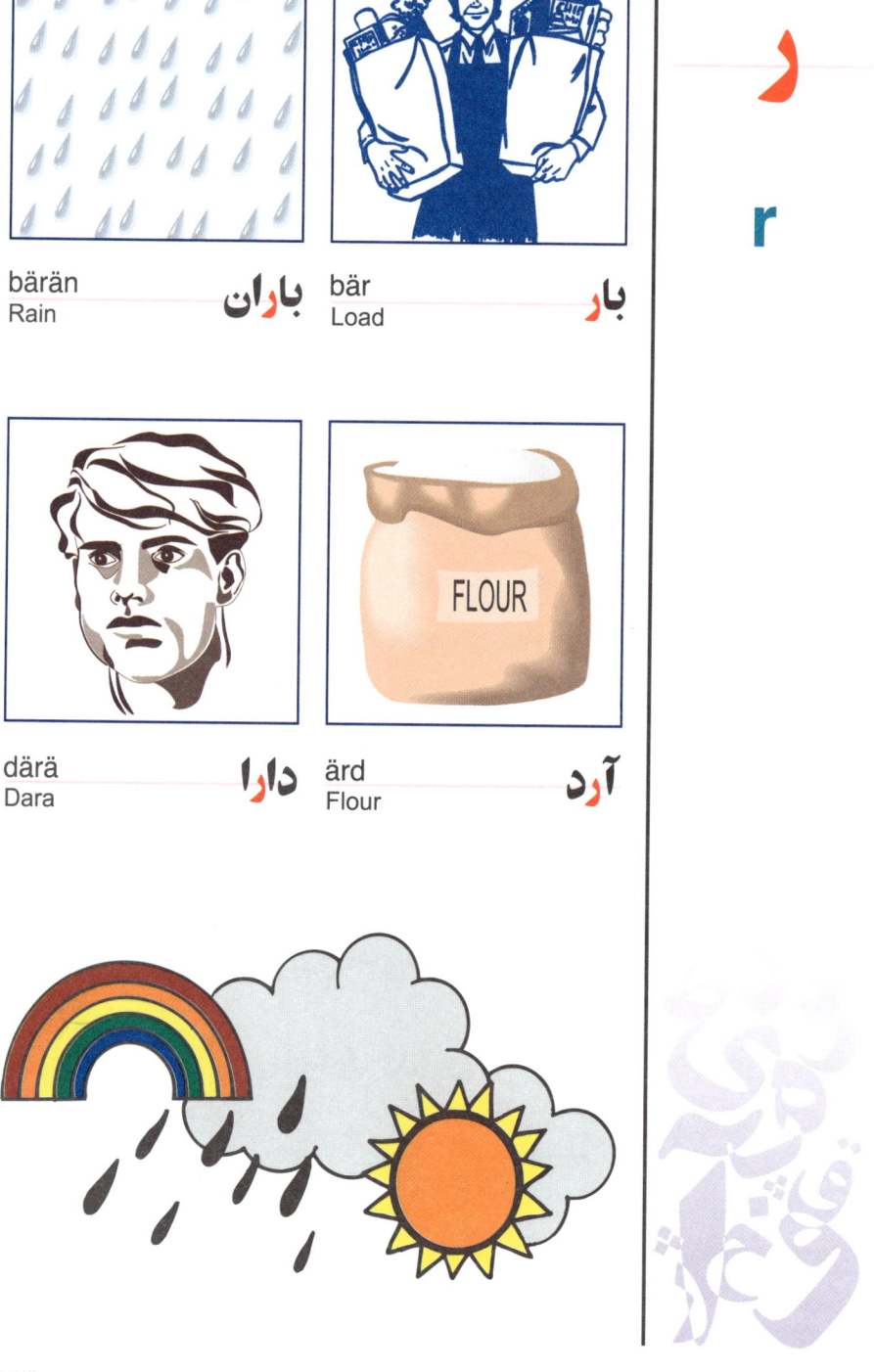

bärän
Rain
باران

bär
Load
بار

därä
Dara
دارا

ärd
Flour
آرد

َا

a

anär
Pamagranet
آنار

abr
Cloud 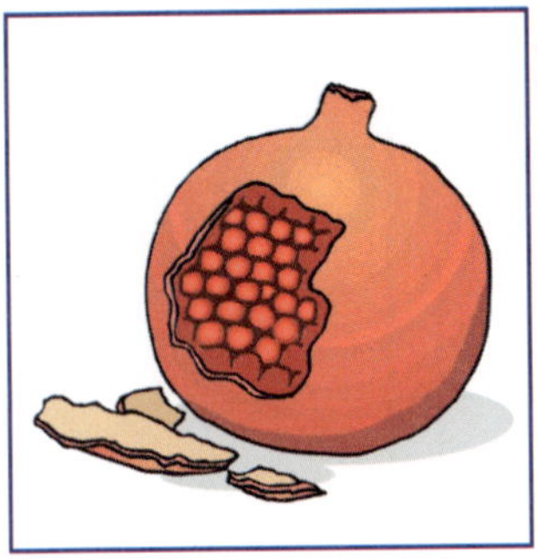
اَبر

dar
Door
دَر

barädar
Brother
بَرادَر

بَرادَر اَنار دارَد.

بابا اَنار نَدارَد.

م مـ

M m

مادَر

mädar

Mom

بادام

bädäm

Almond

مَن دارَم.

مَن مادَر دارَم.

مَن بادام نَدارَم.

س سـ س

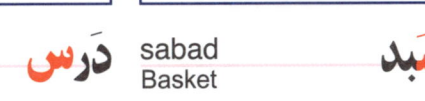

S   s

سَبد sabad Basket	دَرس dars Lesson
اَسب asb Horse	سارا särä Sara

آن مَرد اَسب نَدارد.

مَن دَرس دارم.

سارا سَبد دارَد.

ت ذ

T t

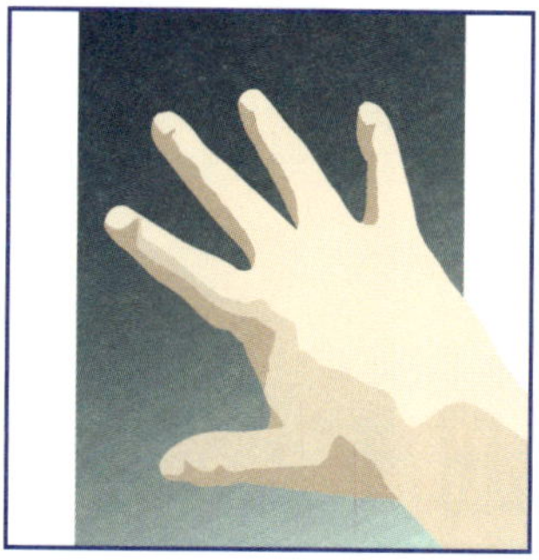

täb
Swing — **تاب**

dast
Hand — **دَست**

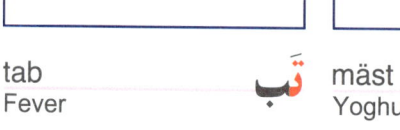

tab
Fever — **تَب**

mäst
Yoghurt — **ماست**

آن **تاب** است.

سارا ماس**ت** دَر دَس**ت** دارَد.

مَن **تَب** نَدارَم.

او و

o O

oo
Him or Here — او

rood
River — رود

moo
Hair — مو

dood
Smoke — دود

رود آب دارَد.

آن مَرد مو دارَد.

او آمَد.

ایـ یـ

e

ی

E

ایران
irän
Iran

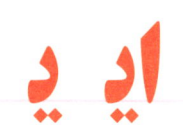

سیب
seeb
Apple

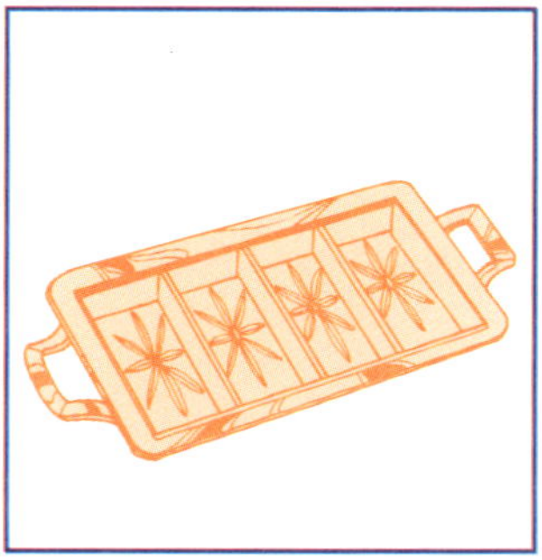

سینی
seeni
Tray

امیر
amir
Amir

اين سيب اَست.

بابا اَز ايران آمد.

دَر اين سينی سيب اَست.

ز
z

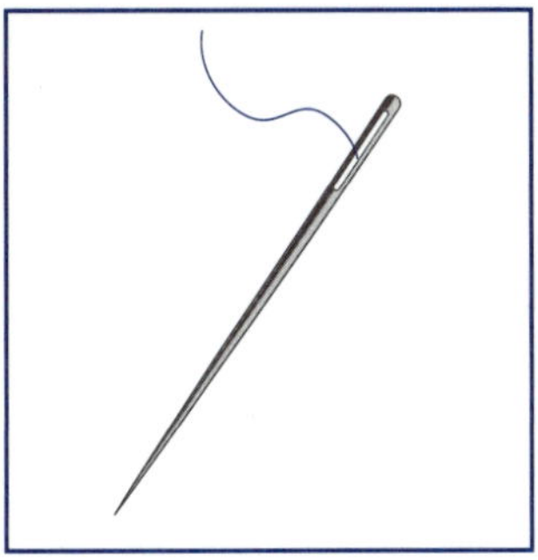

زَن
zan
Woman

سوزَن
soozan
Needle

زَبان
zabän
Tongue

زَرد
zard
Yellow

آن زَن سوزَن دارَد.

آن مَداد زَرد است.

سوزان اَز بازار آمَد.

ک ک

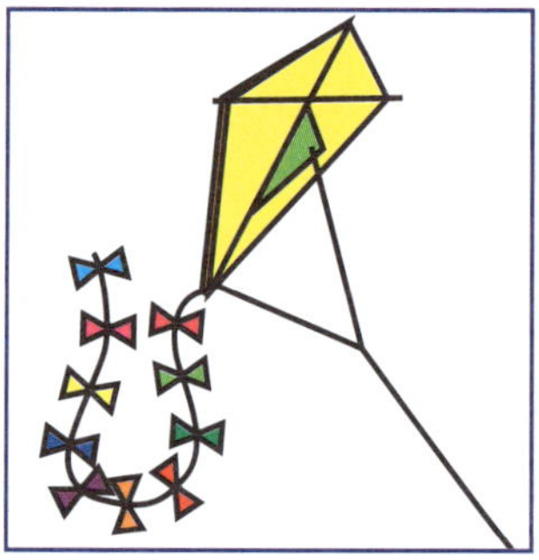

K k

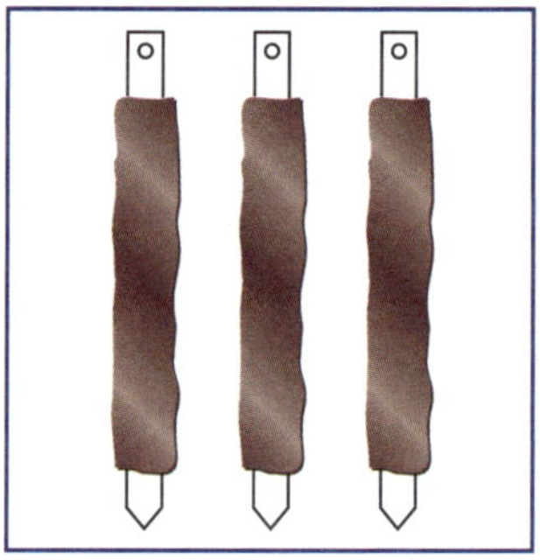

kabäb **کَباب** Kabob	namak **نَمَک** Salt
namakdän **نَمَکدان** Salt Shaker	bädbädak **بادبادک** Kite

مَن کَباب دوست دارَم.

بابا کار دارَد.

اَمین بادبادَک دارَد.

أُ   و

o O

doctor
Doctor — دُكتُر

ordak
Duck — أُردَك

boz
Goat — بُز

otooboos
Bus — اُتوبوس

اُردَك دَر آب بازی می کُنَد.

دُكتُر با اُتوبوس آمَد.

این بُز اَست.

و
v

نانوا
nanvä
Baker

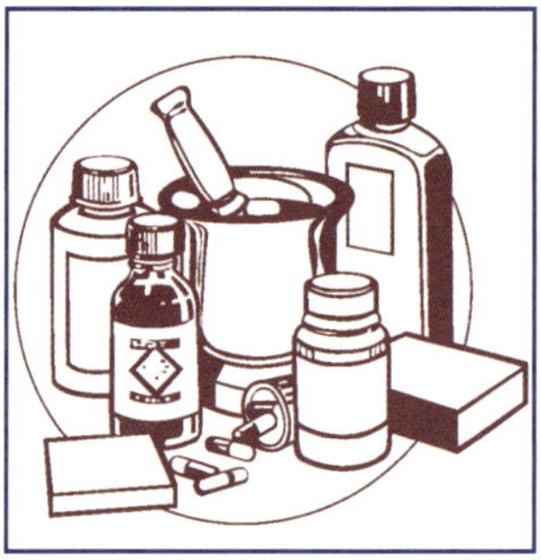

دَوا
davä
Medicine

وان
vän
Bathtub

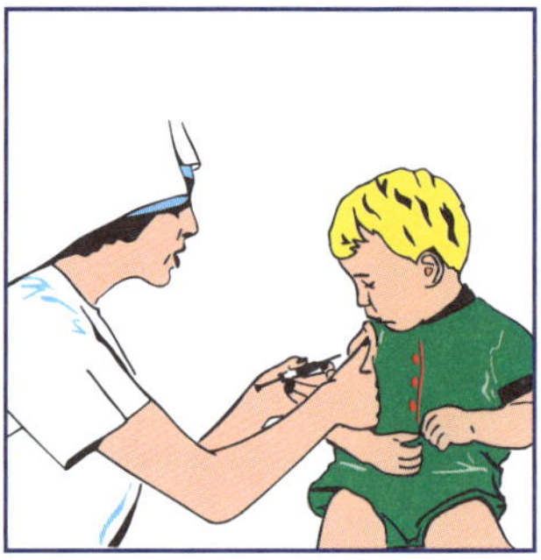

واکسَن
väksan
Vaceine

نانوا نان می‌پَزَد.

دُکتُر دَوا داد.

آن مَرد واکسَن می‌زَنَد.

دَر وان آب است.

پ پ

P p

تو**پ** toop Ball

پا pä Foot

پَری pari Pari

پَرَستو parasto Swallow

پَری با دارا توپ بازی می کُنَد.

اَمیر تُوپ را با پا می‌زَنَد.

پَرَستو پَرواز می کُنَد.

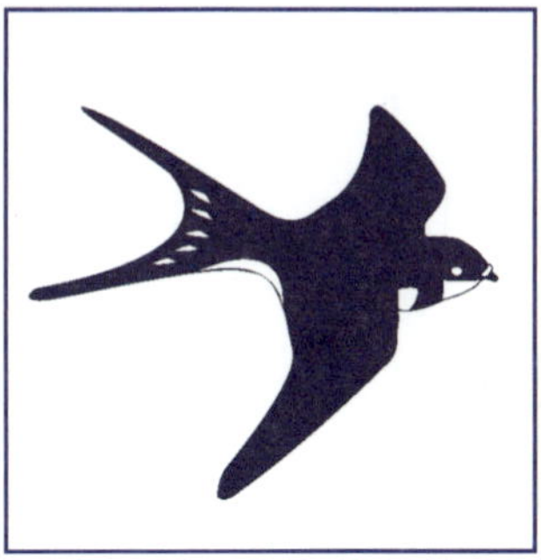

اِ

ـِ

e E

---

ketäb
Book

کِتاب

emrooz
Today

اِمروز

---

esm
Name

اِسم

näder
Nader

نادِر

اِسمِ این پِسَر نادِر اَست.

نادِر دوستِ اَمین اَست.

اِمروز دارا کِتابِ او را پَس داد.

ه ه

H h

نامِه nämeh
Letter

سِه seh
Three

کاسِه käseh
Bowl

میوِه miveh
Fruit

سارا سِه روز بیمار بودِه اَست.

مادَرِ سارا نامِه می نِویسَد.

مَن میوِه دوست دارَم.

آن کاسِه پُر اَز آب اَست.

ش ش

SH sh

شَب shab Night	**آش** äsh Soup
شیر sheer Milk	**آتَش** ätash Fire

آرَش شیر دوست دارَد.

مادَر آش می‌پَزَد.

بابا شَب شام دُرُست کَرد.

ف ف

F f

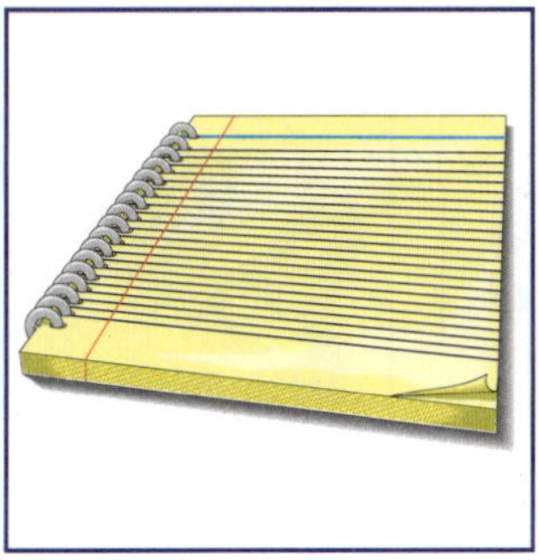

دَفتَر daftar Notebook

کیف keef Purse

کَفش kafsh Shoe

بَرف barf Snow

مادَر کَفشِ سِفید دارَد.

دارا با بَرف آدَم بَرفی دُرُست می کُنَد.

فَرناز با کیف وَ دَفتَر اَز مَدرِسه آمَد.

او دَرس را فَراموش نِمی کُنَد.

ق ق

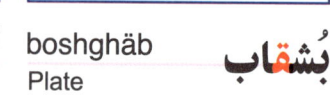

GH gh

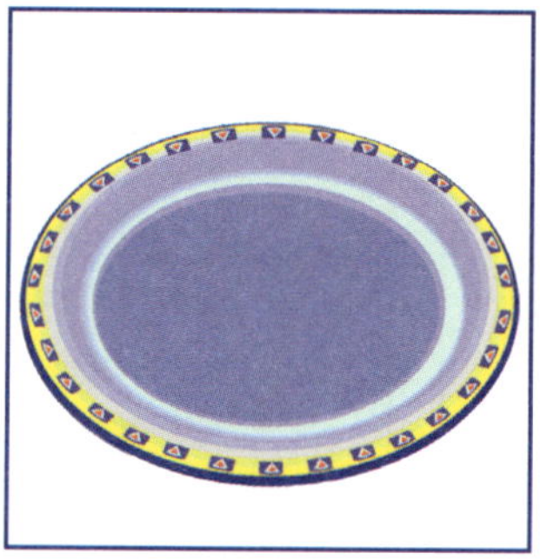

بُشقاب
boshghäb
Plate

اُتاق
otägh
Room

قَند
ghand
Cube Sugar

قاشُق
ghäshogh
Spoon

اُتاقِ مَن تَمیز اَست.

قاشُق وَ بُشقابِ سیما قِرمِز اَست.

سیما قَندان را پُر اَز قَند می کُنَد.

خ ـخ

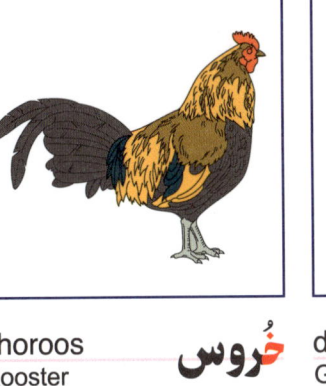

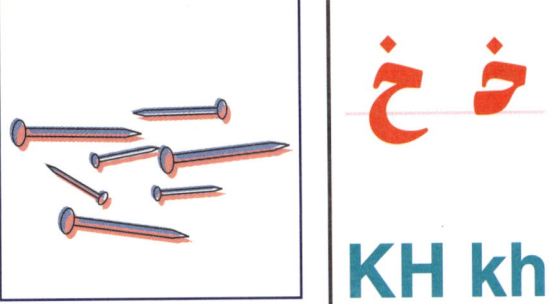

KH kh

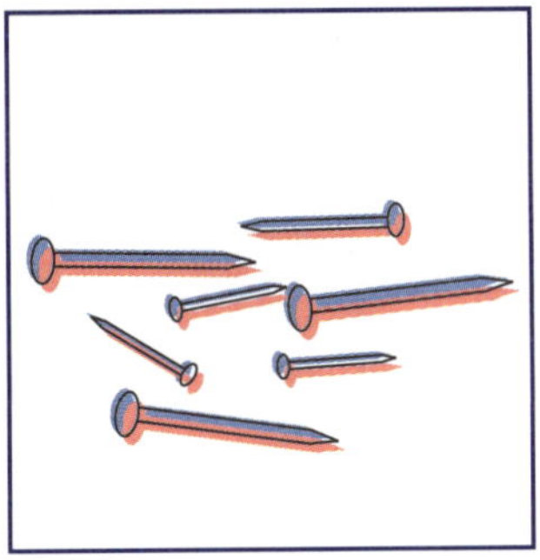

خانه
khaneh
Home

میخ
meekh
Nail

خُروس
khoroos
Rooster

دُختَر
dokhtar
Girl

پِدَرِ اَمیر با میخ وَ تَختِه خانِه ساخت.

بابا سِه سیخ کَباب خَرید.

شیما دُختَرِ خوبی اَست.

خُروس پَر دارَد.

چ چ

CH ch

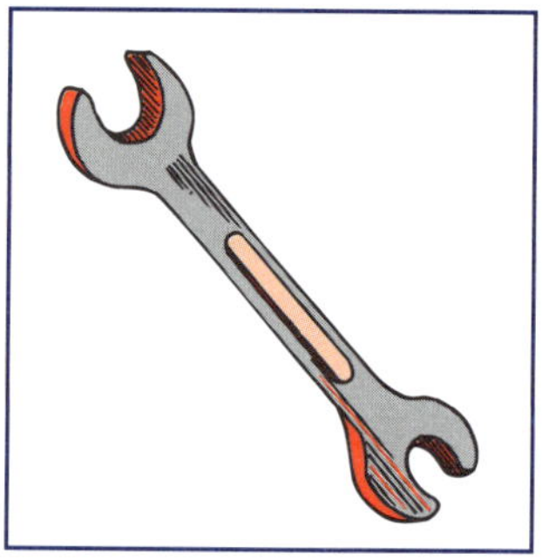

peech
Screw
پیچ

ächär
Tool
آچار

cheshm
Eye
چشم

docharkhe
Bicycle
دوچرخه

ایمان دوچرخه سَواری می کُنَد.

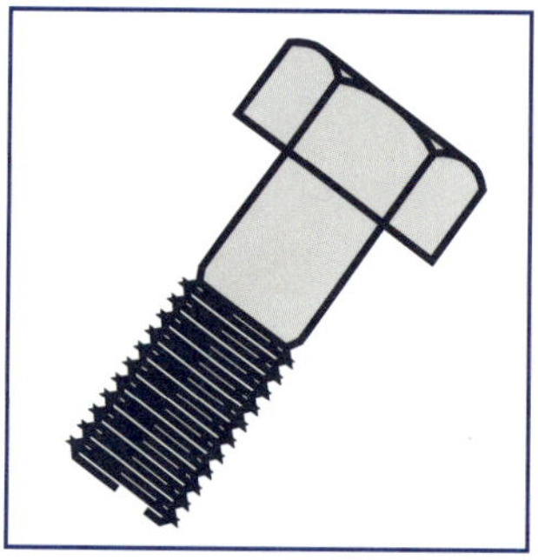

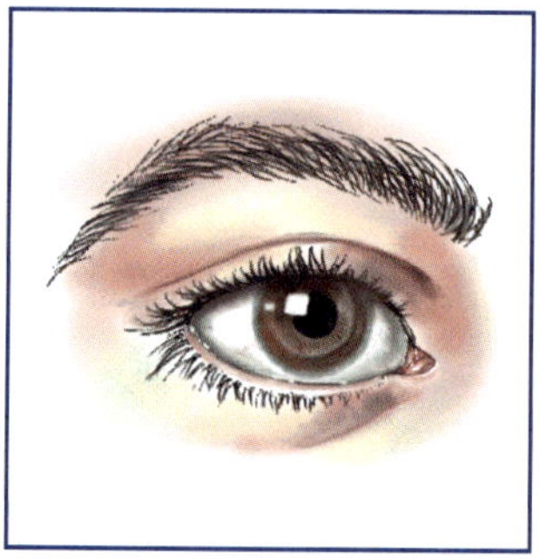

او با آچار پیچِ دوچرخه را سِفت می کُنَد.

من چِشم دارَم.

آرام با گَچ خوب می نویسَد.

۲۱ / 21

ی ی

Y y

chäy Tea — چای	yäs Jasmine — یاس
yakh Ice — یَخ	ghäyegh Boat — قایِق

دیروز مَن یِک اِستِکانِ چای خُوردَم.

این قوری پُر اَز چای است

یاس خُوش بو اَست.

بَرادَرَم قایِق سَواری می کُنَد.

ج ج

J j

جارو järoo Broom

بِرنج berenj Rice

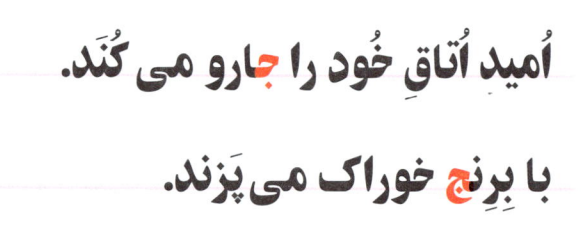

جوجِه joojeh Chick

تاج täj Cockscomb

اُمید اُتاقِ خُود را جارو می کُنَد.

با بِرِنج خوراک می‌پَزند.

جوجِه قشَنگ اَست.

خُروس تاج دارَد.

گ گ

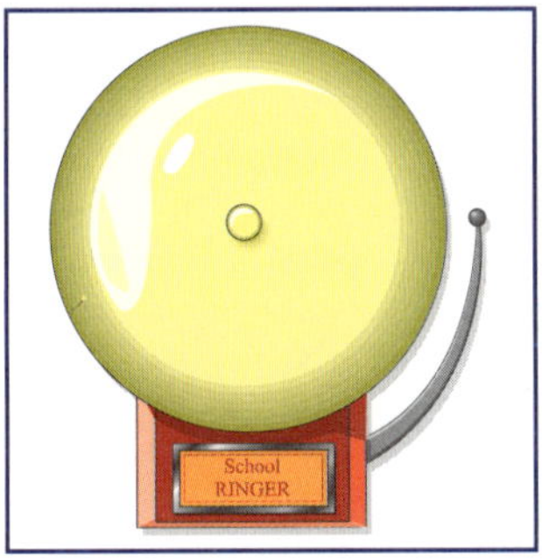

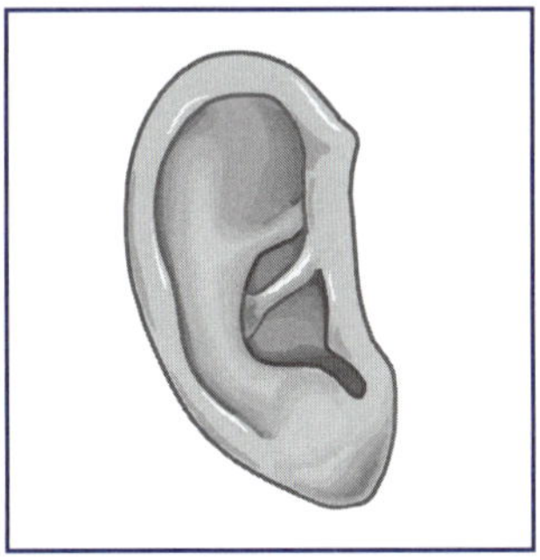

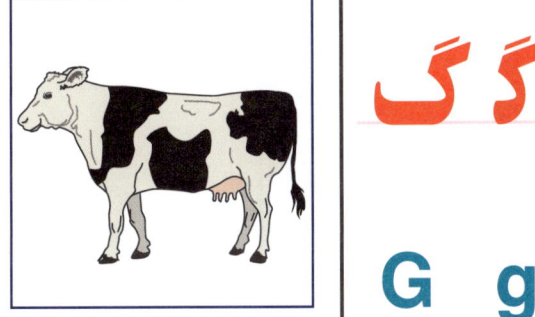

G g

gorbeh گُربه
Cat

gäv گاو
Cow

goosh گوش
Ear

zang زَنگ
Ring

زَنگِ دَبِستان را زَدَند.

سارا وَ دارا با پِدَربُزُرگ گَردِش رَفتَند.

دیروز مَن گاو، سَگ وَ گُربِه دیدَم.

گوشِ مَن کوچَک اَست.

	ه هـ
	h H

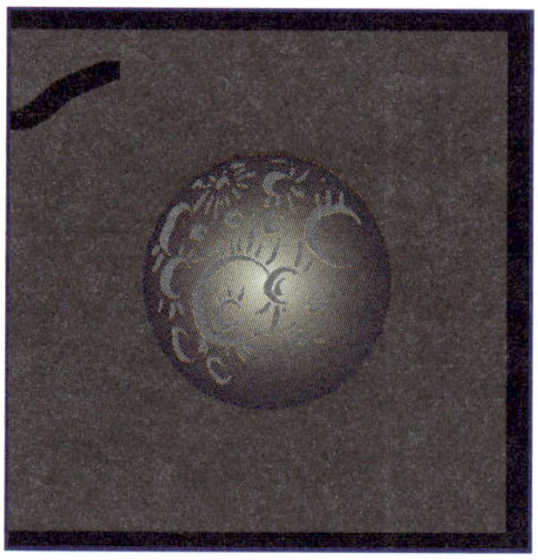

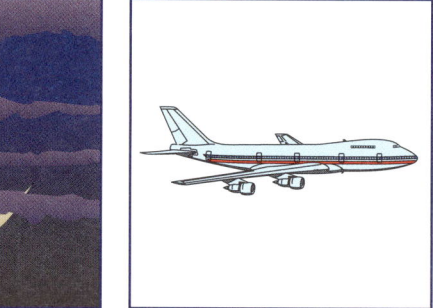

mahtäb
Moonlight

مَهتاب

haväpaymä
Airplane

هَواپیما

	ه ـه
	h H

mäh
Moon

ماه

däneh
Birdseed

دانِه

هَواپیما دَر آسِمان می‌رَوَد.

مَهتاب دَر شَب زَمین را روشَن می‌کُنَد.

جوجِه دانِه می‌خورَد.

ماه شَب بیرون می‌آیَد.

ل ل

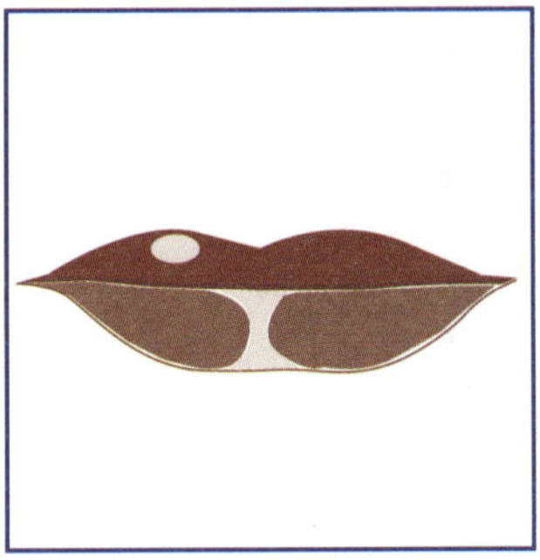

L l

gol
Flower
گُل

leevän
Glass
لیوان

pol
Bridge
پُل

lab
Lip
لَب

لیوان پُر اَز آب اَست.

گُل قَشَنگ اَست.

لَبِ آن خانُمِ قِرمِز اَست.

ماشین اَز رویِ پُل می‌رَوَد.

ء ی
ِ

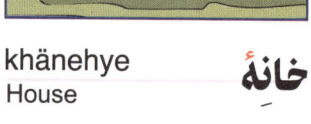

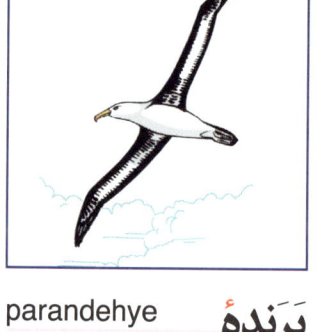

länehye Nest لانهٔ	khänehye House خانهٔ
parandehye Bird پَرندهٔ	dänehye Birdseed دانهٔ

خانهٔ ما نَزدیکِ مَدرِسِه اَست.

دَر لانهٔ پَرندِه تُخم اَست.

جوجه دانهٔ گَندُم می خورَد.

پَرندهٔ زیبا دَر آسمان پَرواز می کُنَد.

خوا
khä

meekhänad **می‌خواند**
Reading

khähar **خواهَر**
Sister

خا
khä

khähesh **خواهِش**
Please

khäb **خواب**
Sleep

دارا **خوا**هَر دارَد.

دارا **خوا**ب اَست.

مادَر دارا وَ سارا اَز آنها **خوا**هِش

می کُنَد خوب دَرس بِ**خوا**نَند.

ژ

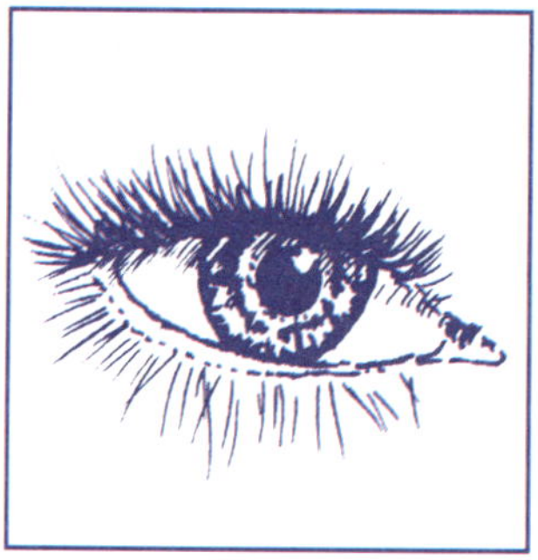

zh

zhäkat
Jacket
ژاکَت

zhäleh
Jaleh
ژالِه

mozheh
Eyelash
مُژه

zheleh
Jello
ژِله

ژالِه یِک ژاکَت دارَد.

ژاکَتِ ژالِه قِرمِز اَست.

ژالِه ژِلِه دوست دارَد.

مُژه های ژالِه قَشَنگ اَست.

ّ

بَچّه
bach,cheh
Child

نقّاش
nagh,ghäsh
Painter

اَوّل
av,val
First

بَنّا
ban,nä
Carpenter

پِدَرِ این بَچّه نقّاش است.

سارا دَر کِلاسِ اَوّل دَرس می خوانَد.

بَنّا خانِه می سازَد.

ص ص

S s

صورَت **soorat** Face	صابون **säboon** Soap
صَدَف **sadaf** Seashell	مَخصوص **makhsoos** Special

سارا وَ دارا زود اَز خواب بیدار می‌شَوَند.

آنها دَست وَ صورَتِ خود را با آب

وَ صابون می‌شوِیَند.

هَریک اَز آنها مِسواکِ مَخصوص دارَند.

ح ح

H h

sobh Morning	صُبح	holeh Towel	حوله
heyvan Animal	حیوان	sobhaneh Breakfast	صُبحانه

دارا وَ سارا صُبحِ زود اَز خواب بیدار می شَوَند.

آنها دَست وَ صورَتِ خود را می شویَند وَ با حوله

خُشک می کُنَند وَ صُبحانه می خورَند. لِباس

می پوشَند وَ بِه دَبِستان می رَوَند.

ط

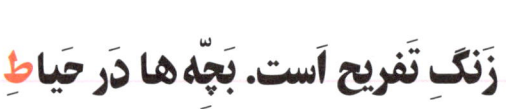

t

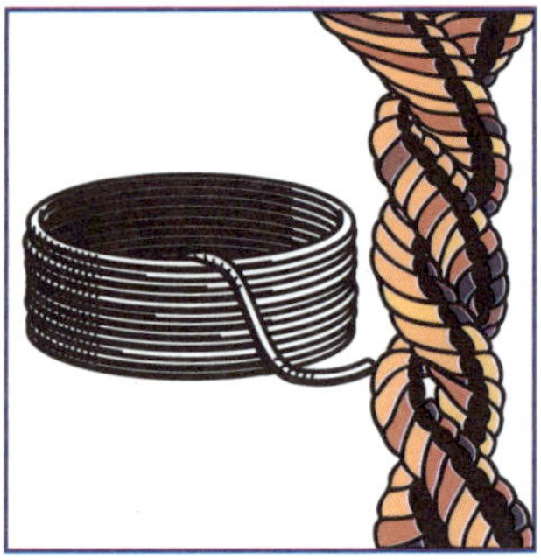

طَناب tanab Rope

حَیاط hayät Yard

طَبل tabl Drum

خَط khat Line

زَنگِ تَفریح اَست. بَچّه ها دَر حَیاطِ

دَبِستان بازی می کُنَند.

دَر وَسَطِ حَیاط یِک خَط کِشیدِه اَند.

سارا دَر وَسَطِ حَیاط طَبل می زَنَد.

ظ

Z

ظُهر
zohr
Noon

ناظِم
näzem
Assistant Principal

خُداحافِظی
khodähäfezi
Goodbye

مُواظِب
moväzeb
Careful

نزدیکِ ظُهر اَست. ناظِمِ دَبِستان زَنگ می زَنَد.

بَچّه ها هِنگامِ رَفتَن بِه خانِه اَز مُدیر وَ ناظِم

خُداحافِظی می کُنَند. آنها دَر راه مُواظِب

هَستَند کیف وَ کِتابِ خود را گُم نکُنَند.

ث ث

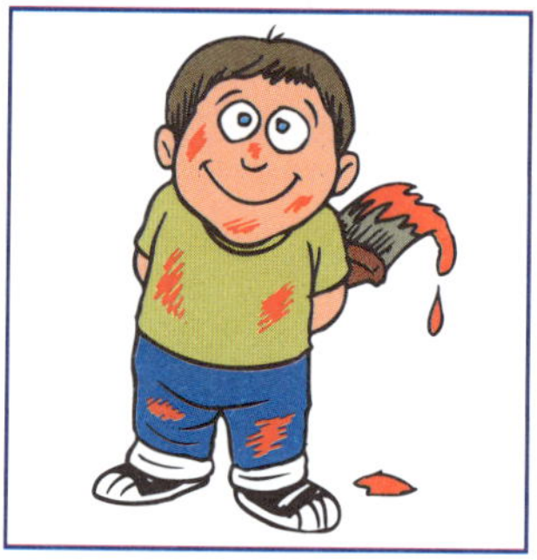

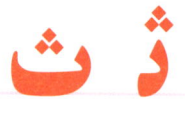

S s

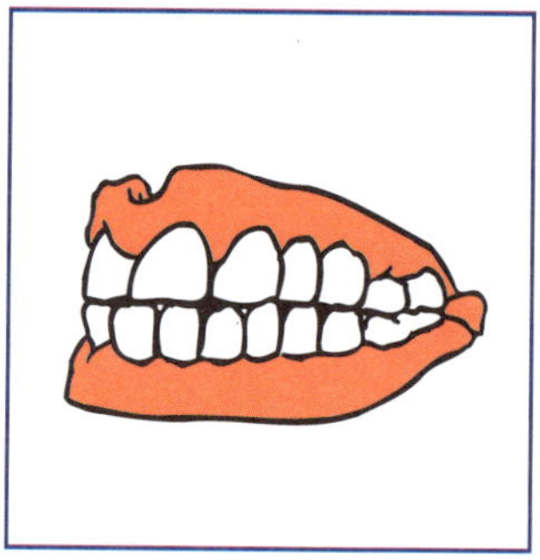

كَثیف
kaseef
Dirty

لَثه
laseh
Gum

ثُرَیّا
soray,yä
Soraya

کیومَرث
keeumars
Keeumars

ثُرَیّا و کیومَرث خواهَر و بَرادَر هَستَند.

آنها مِثلِ دوستانِ خود شاگِردانِ خوبی هَستَند.

ثُریّا هَر روز لَثه هایِ خود را تَمیز می شویَد.

دَستهایِ کیومَرث هیچ وَقت کَثیف نیست.

	ع عـ
	A a

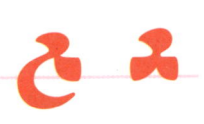

moal,lem
Teacher
مُعلِّم

aroosak
Doll
عَروسک

	حـ حـ
	A a

sä,ät
Clock
ساعَت

jam
Collect
جَمع

روز جُمعه دارا وَ سارا بِه خانهٔ عَموی خُود

رَفتَند. آنها با هَم چَند ساعَت عَروسک بازی

کَردَند. بَعد از ناهار عَروسک ها را

جَمع کَردَند وَ سَرجای خود گُذاشتَند.

ض ض

Z z

مَریض
mareez
Sick

حاضِر
häzer
Present

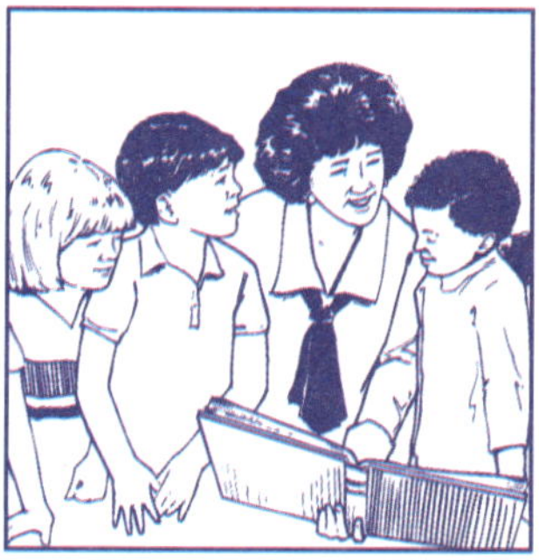

عَوَض
avaz
Change

بَعضی
ba,zi
Some

یِک روز سارا مَریض بود. وَقتی آموزِگار اِسمِ

شاگِردان را خواند سارا حاضِر نَبود. بَعضی اَز بچّه ها

بَرایِ اَحوال پُرسی بِه خانهٔ سارا رَفتَند. مُعَلِّم اَز آنها

خواهِش کَرد عَوَضِ او هَم اَز سارا اَحوال پُرسی کُنَند.

ذ

z

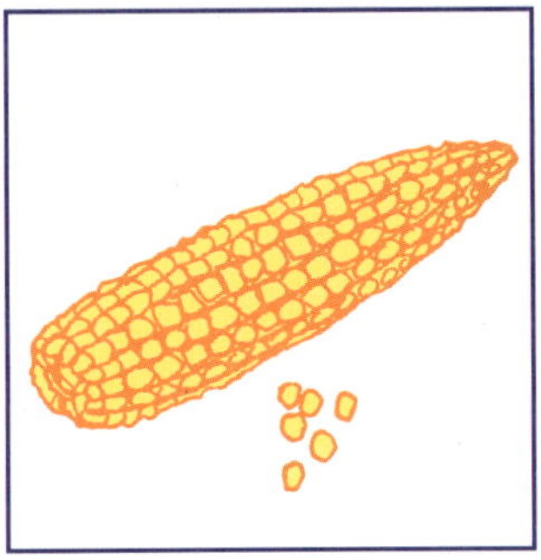

zarehbeen Magnifying Glass ذَرّه‌بین	zor,rat Corn ذُرَّت
azy,yat Bother اَذیَّت	lazeez Delicious لَذیذ

این خوراک لَذیذ اَست. اُمید نِمی گُذارَد

کَسی پَرَندِه‌ها را اَذیَّت کُنَد. اُمید خِیلی

ذُرَّت دوست دارَد. ذَرّه‌بین چیزهایِ

کوچِک را بُزُرگ نِشان می‌دَهَد.

غ غ

GH gh

غ غ

GH gh

مَشغُول mashghool Busy	غَذا ghazä Food
مُرغ morgh Chicken	تیغ teegh Thorn

مادَرِ سارا خوب غَذا می پَزَد.

او هَشت ساعَت دَر روز مَشغُولِ کار اَست.

گلِ سُرخ زیبا اَست اَمّا خِیلی تیغ دارَد.

با مُرغ غَذایِ خوش مَزه دُرُست می کُنَند.

الفبایِ فارسی

صِدا وَ شِکلِ الفبایِ فارسی را یاد گرفتیم
اکنون اِسمِ هَر یک را یاد می‌گیریم

ا				الف
بـ	ب			بِ
پـ	پ			پِ
تـ	ت			تِ
ثـ	ث			ثِ
جـ	ج			جیم
چـ	چ			چِ
حـ	ح			حِ
خـ	خ			خِ
د				دال
ذ				ذال
ر				رِ
ز				زِ
ژ				ژِ
سـ	س			سین
شـ	ش			شین

صـ	ص			صاد
ضـ	ض			ضاد
ط				طا
ظ				ظا
عـ	ـعـ	ـع	ع	عِین
غـ	ـغـ	ـغ	غ	غِین
فـ	ف			فِ
قـ	ق			قاف
کـ	ک			کاف
گـ	گ			گاف
لـ	ل			لام
مـ	م			میم
نـ	ن			نون
و				واو
ه				هِ
یـ	ی			یِ

säd	S s	ص	صـ	*alef*	ä a		ا
zäd	Z z	ض	ضـ	*be*	B b	ب	بـ
tä	t		ط	*pe*	P p	پ	پـ
zä	z		ظ	*te*	T t	ت	تـ
eyn	a	ع ـع	ـعـ عـ	*se*	S s	ث	ثـ
gheyn	GH gh	غ ـغ	ـغـ غـ	*jēm*	J j	ج	جـ
fe	F f	ف	فـ	*che*	CH ch	چ	چـ
ghäf	GH gh	ق	قـ	*he*	H h	ح	حـ
käf	K k	ک	کـ	*khe**	KH kh	خ	خـ
gäf	G g	گ	گـ	*däl*	d		د
läm	L l	ل	لـ	*zäl*	z		ذ
mēm	M m	م	مـ	*re*	r		ر
nōōn	N n	ن	نـ	*ze*	z		ز
väv	v		و	*zhe*	j		ژ
he	h		ه	*sēn*	S s	س	سـ
ye	y	ی	یـ	*shēn*	SH sh	ش	شـ

* Sounds as ch in Bach the musician, as kh in Kokh the German biologist. A Sound from the base of the throat, ponounced in German, Hebrew, Arabic and Persian.

اِسمِ لِباس‌ها را بِه فارسی یاد بِگیریم

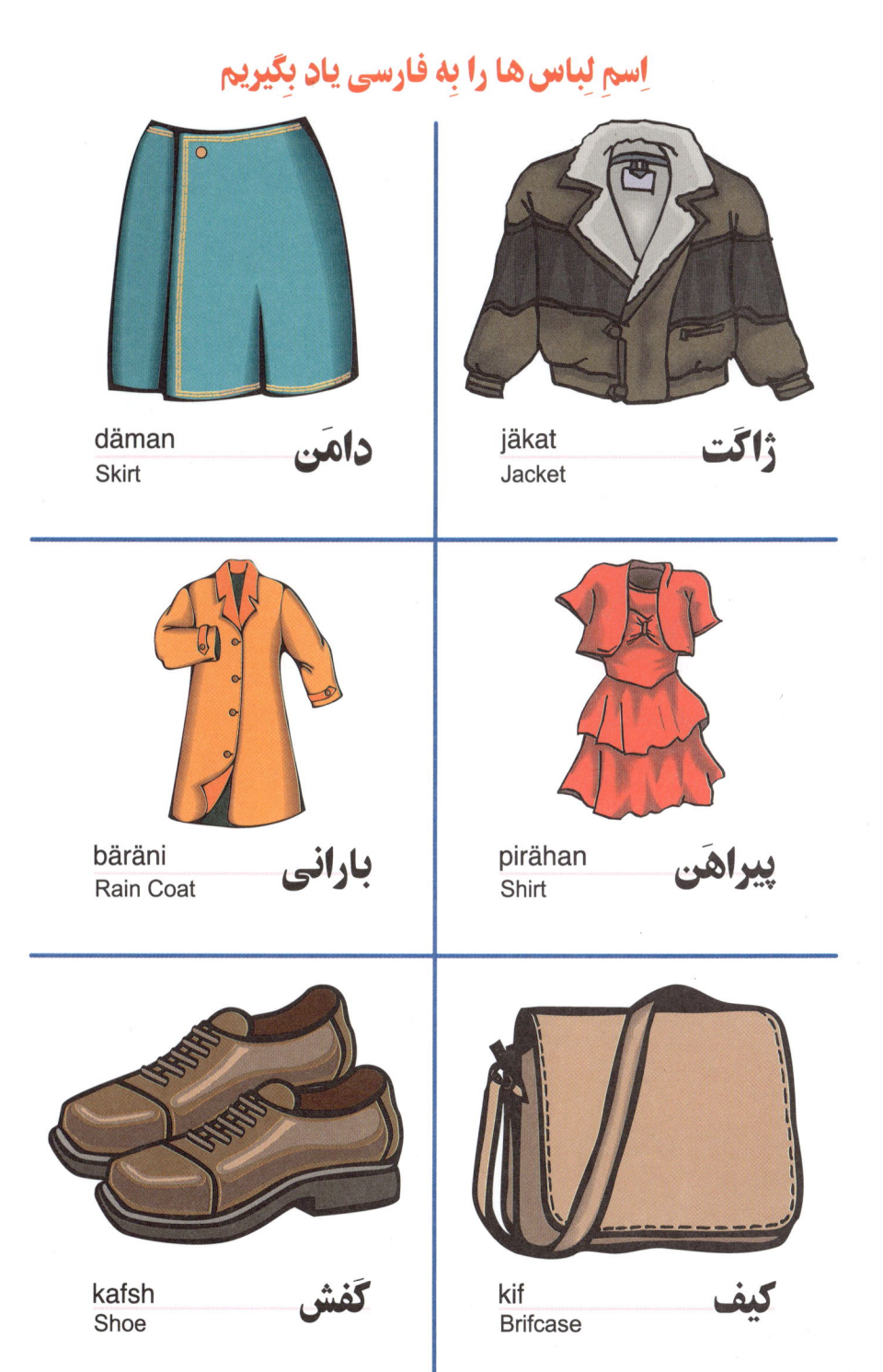

däman
Skirt

دامَن

jäkat
Jacket

ژاکَت

bäräni
Rain Coat

بارانی

pirähan
Shirt

پیراهَن

kafsh
Shoe

کَفش

kif
Brifcase

کیف

اِسمِ لِباس ها را بِه فارسی یاد بِگیریم

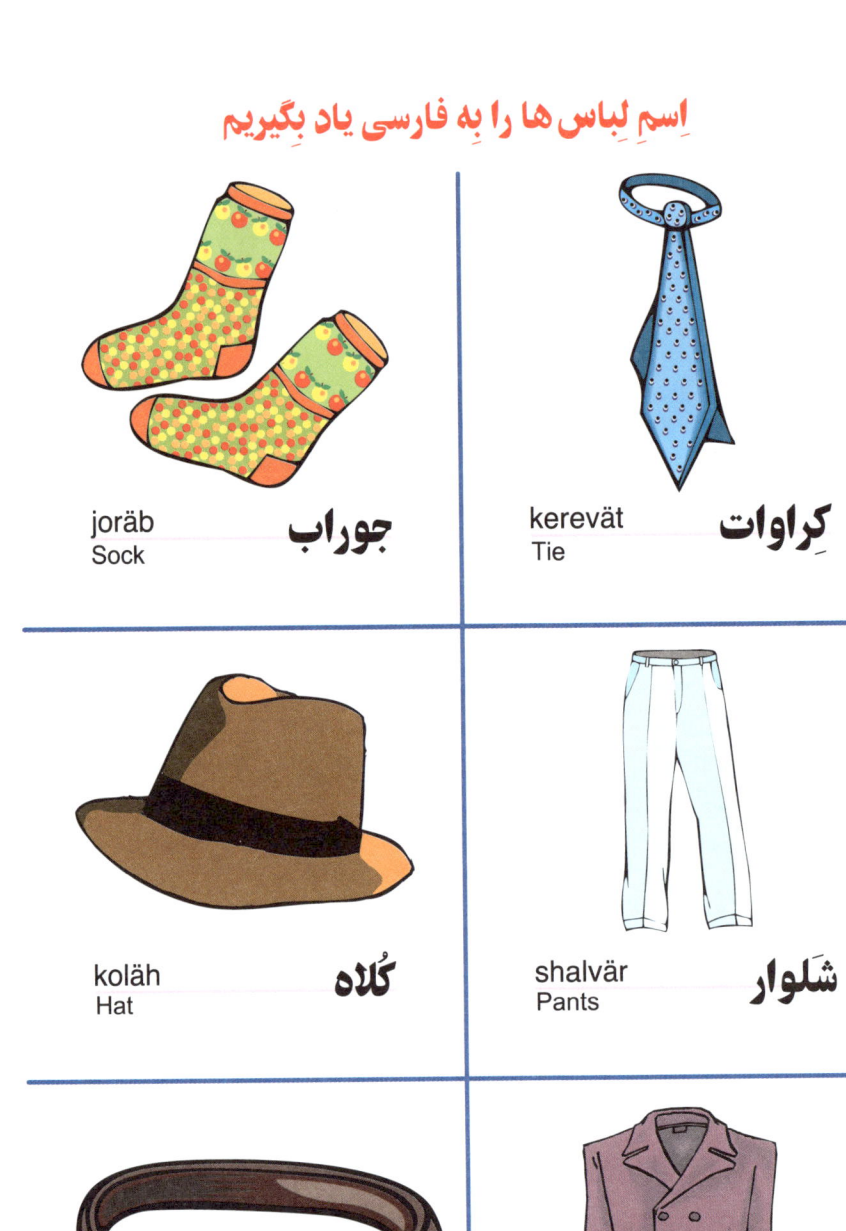

joräb Sock — جوراب	**kerevät** Tie — کِراوات
koläh Hat — کُلاه	**shalvär** Pants — شَلوار
kamarband Belt — کَمَربَند	**cot** Coat — کُت

اِسمِ لِباس ها را بِه فارسی یاد بِگیریم

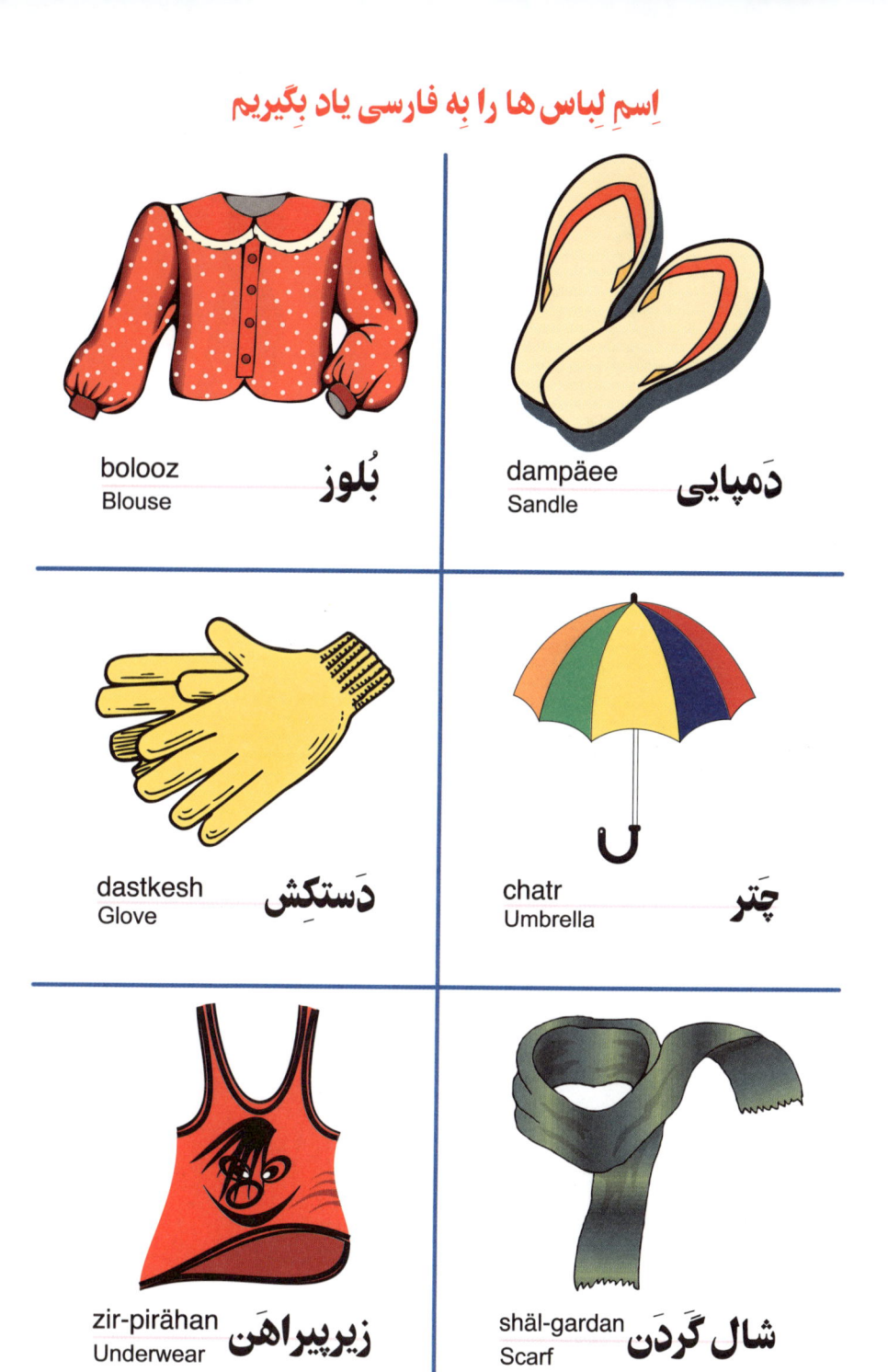

bolooz
Blouse
بُلوز

dampäee
Sandle
دَمپایی

dastkesh
Glove
دَستکِش

chatr
Umbrella
چَتر

zir-pirähan
Underwear
زیرپیراهَن

shäl-gardan
Scarf
شال گَردَن

اِسمِ شُغل‌ها را بِه فارسی یاد بِگیریم

jar, räh
Surgeon
جرّاح

parastär
Nurse
پَرَستار

mohandes
Engineer
مُهَندِس

police
Police
پُلیس

khay, yät
Tailor
خَیّاط

moal, lem
Teacher
مُعَلِّم

اِسمِ شُغْل ها را بِه فارسی یاد بِگیریم

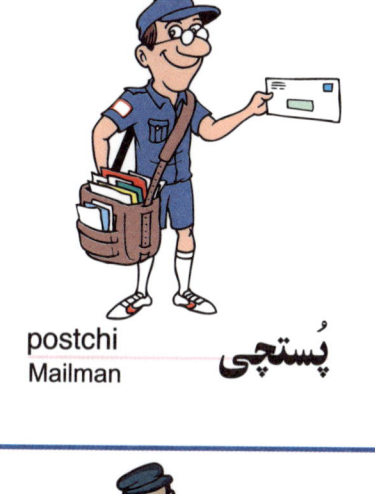

پُستچی
postchi
Mailman

نِویسَندِه
nevisandeh
Writer

نَقّاش
nagh, ghäsh
Painter

نَجّار
naj, jär
Carpenter

جُوشکار
joshkär
Welder

خَبَرنِگار
khabarnegär
Reporter

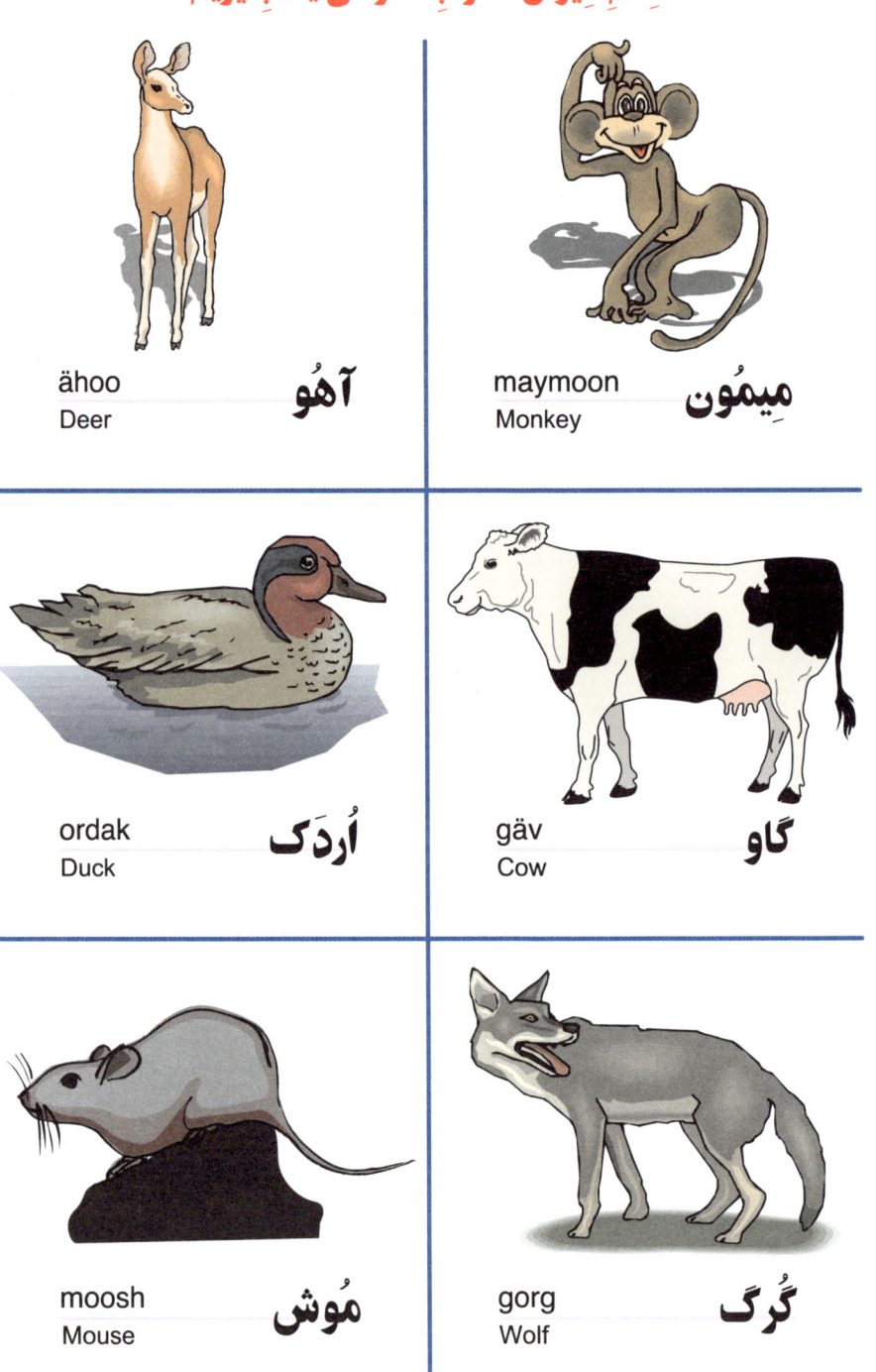

اِسمِ حِیوان ها را بِه فارسی یاد بِگیریم

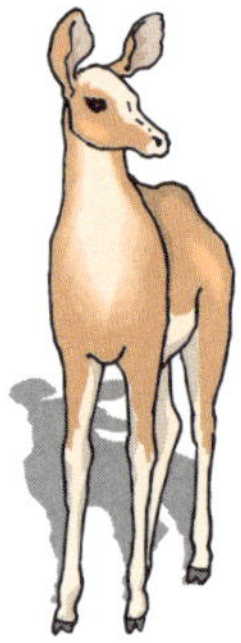

آهُو
ähoo
Deer

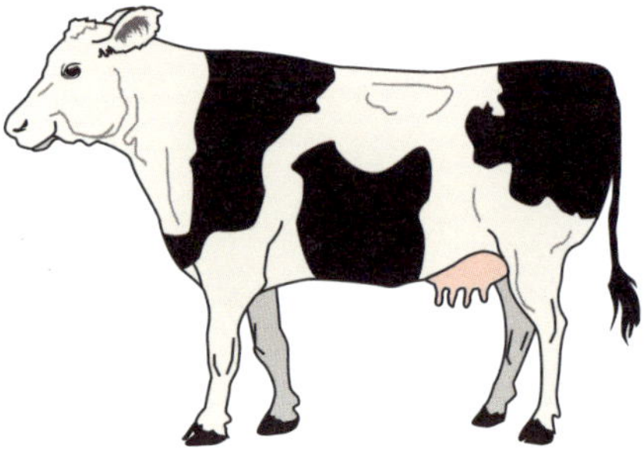

مِیمُون
maymoon
Monkey

اُردَک
ordak
Duck

گاو
gäv
Cow

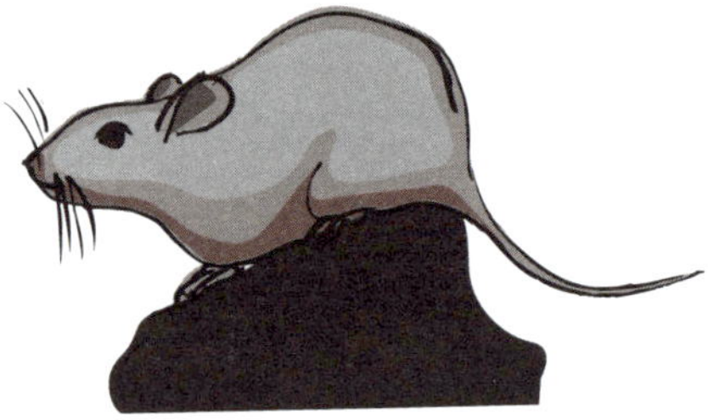

مُوش
moosh
Mouse

گُرگ
gorg
Wolf

اِسمِ حِیوان ها را بِه فارسی یاد بِگیریم

ماهی
mähee
Fish

جُغد
joghd
Owl

خَرگوش
khargoosh
Rabbit

گُوسفَند
goosfand
Sheep

شُتُر
shotor
Camel

پَروانِه
parväneh
Butterfly

اِسمِ حِیوان ها را بِه فارسی یاد بِگیریم

kharchang
Lobster
خَرچَنگ

zanboor
Bee
زَنبُور

mär
Snake
مار

shir
Lion
شیر

asb
Horse
اَسب

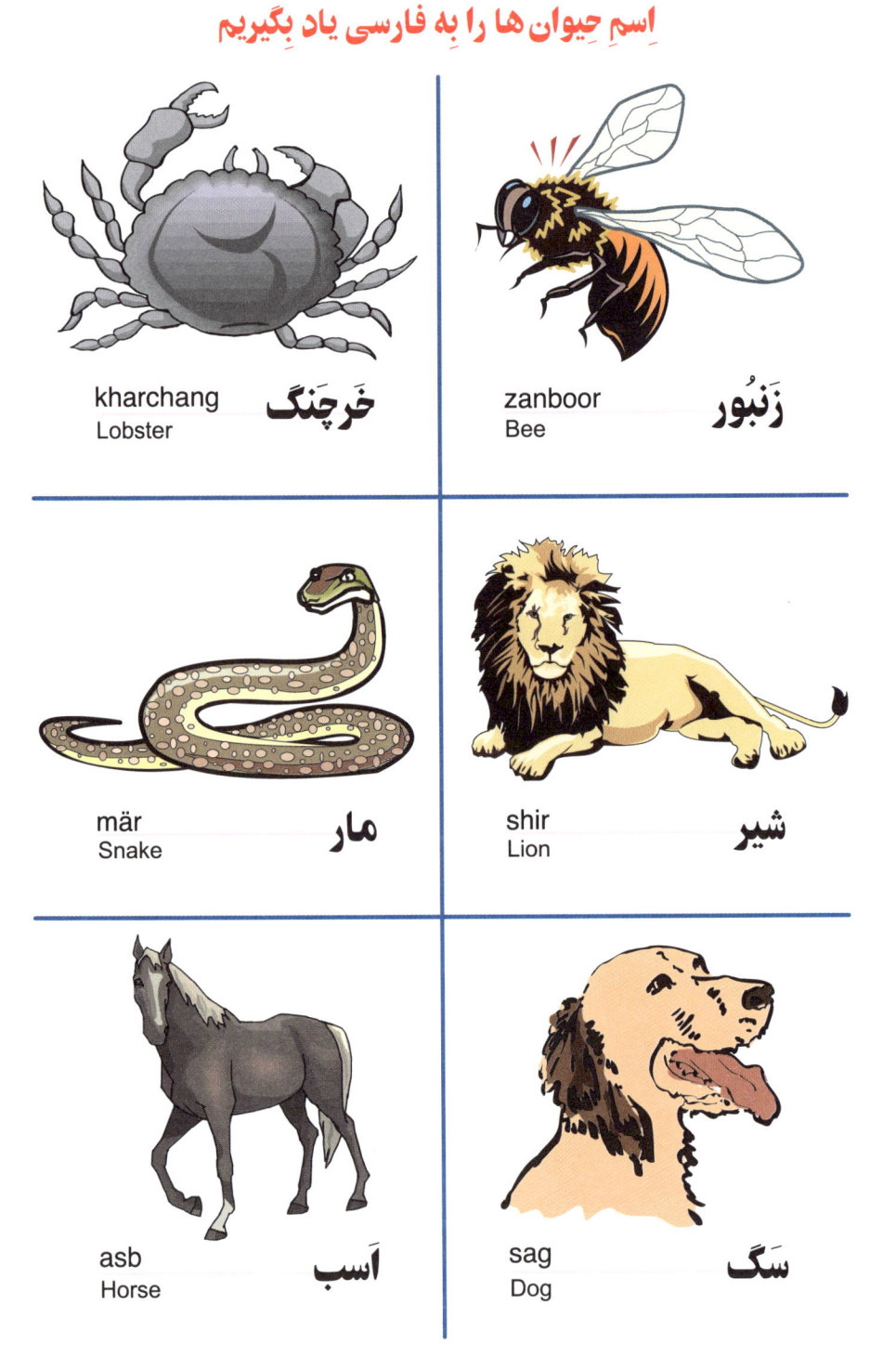

sag
Dog
سَگ

اِسمِ حِیوان ها را بِه فارسی یاد بِگیریم

oghäb
Eagle
عُقاب

ghorbägheh
Frog
قُورباغِه

lak, lak
Flamingo
لَک لَک

gorbeh
Cat
گُربِه

asbe, äbi
Seahorse
اَسبِ آبی

läkposht
Turtle
لاک پُشت

اِسمِ سَبزی ها را بِه فارسی یاد بِگیریم

پیازچِه
peeyäzcheh
Green Onion

تُرُبچِه
torobcheh
Raddish

گوجِه فَرَنگی
gojehfarangy
Tomatoe

قارچ
ghärch
Mashroom

سیر
seer
Garlic

گُل کَلَم
kalam
Cauliflower

اِسمِ سَبزی ها را بِه فارسی یاد بِگیریم

بادِمجان
bädemjän
Eggplant

سیب زَمینی
seebzamini
Potatoes

خیار
khiyär
Cucumber

هَویج
havij
Carrot

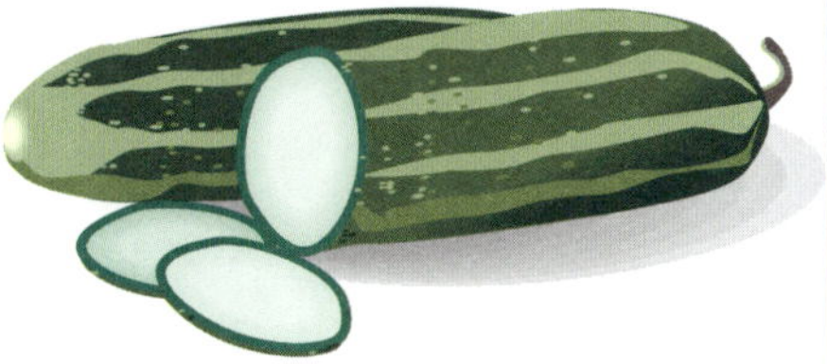

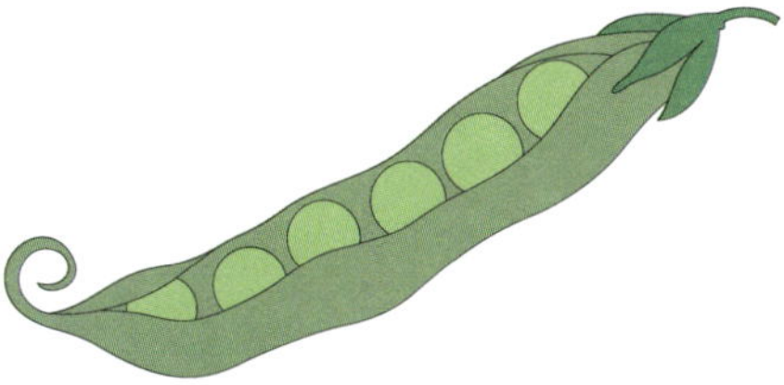

نُخُود سَبز
nokhod sabz
Greenpea

ذُرَّت
zor, rat
Corn

اِسمِ سَبزی ها را بِه فارسی یاد بِگیریم

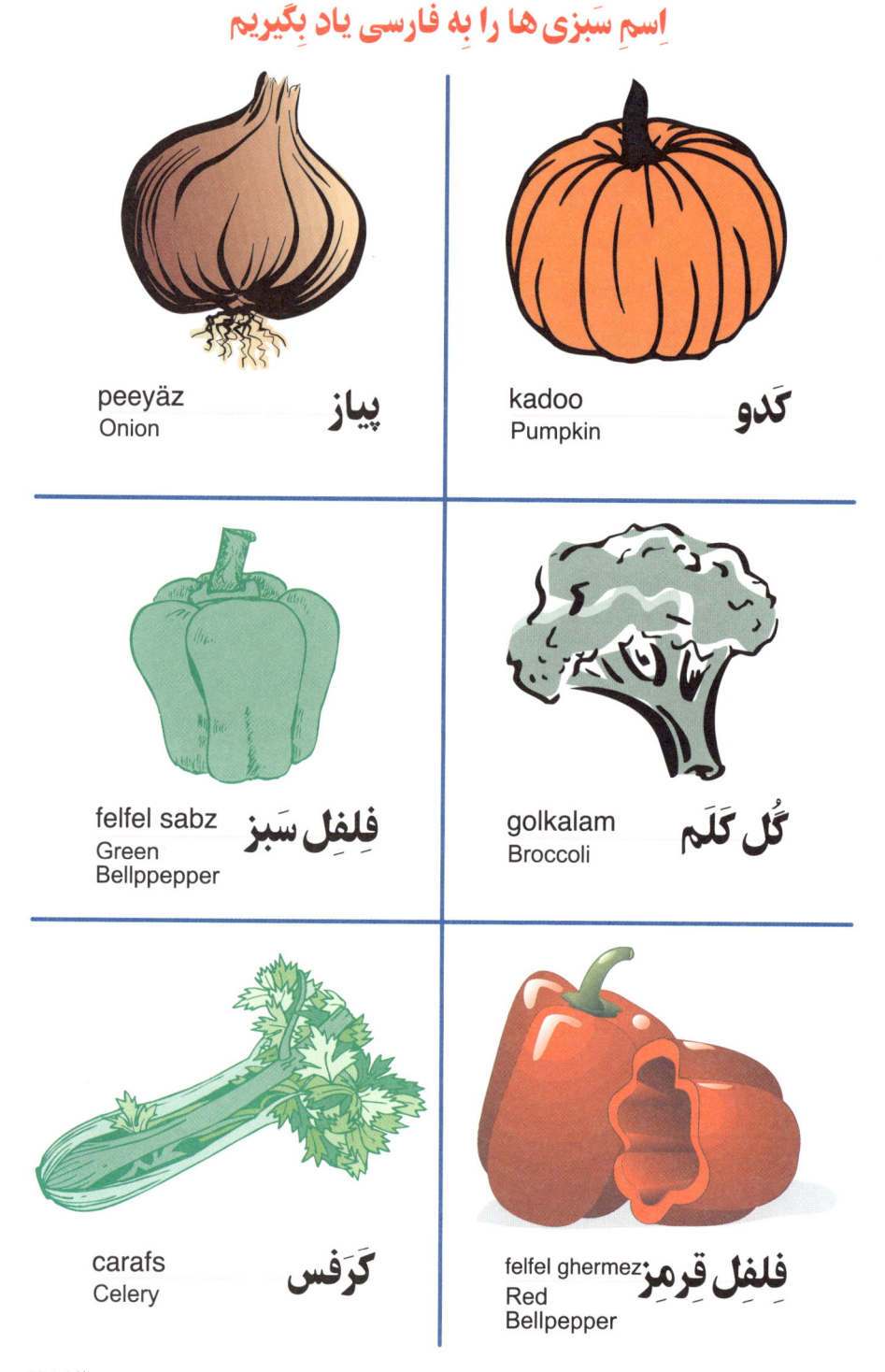

peeyäz
Onion
پیاز

kadoo
Pumpkin
کَدو

felfel sabz
Green
Bellppepper
فِلفِلِ سَبز

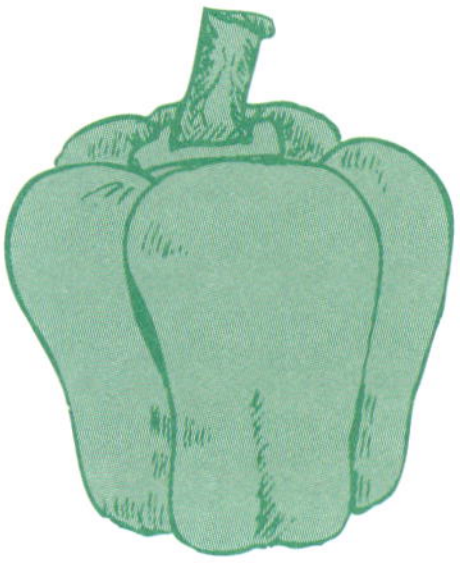

golkalam
Broccoli
گُل کَلَم

carafs
Celery
کَرَفس

felfel ghermez
Red
Bellpepper
فِلفِلِ قِرمِز

اِسمِ میوه ها را بِه فارسی یاد بِگیریم

تُوت فَرَنگی
toot farangy
Strawberry

موز
moz
Banana

آلو
äloo
Plum

سیب
seeb
Apple

پُرتِقال
porteghäl
Orange

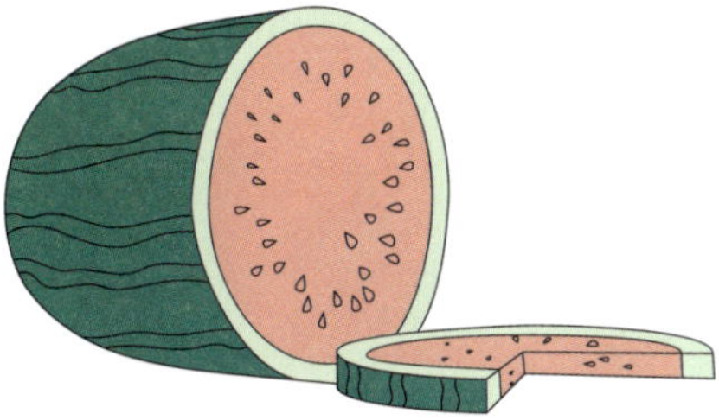

هِندِوانِه
hendeväneh
Watermelon

اِسمِ میوه ها را بِه فارسی یاد بِگیریم

anär
Pomegranate
اَنار

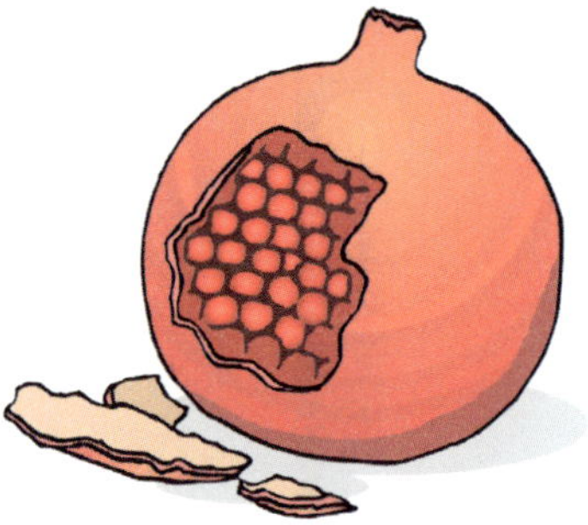

goläby
Pear
گُلابی

angoor
Grape
اَنگور

holoo
Peach
هُلو

keevy
Kiwi
کیوی

täleby
Cantaloupe
طالِبی

اِسمِ میوہ ها را بہ فارسی یاد بِگیریم

leemoo
Lemon
لیمو

giläs
Cherry
گیلاس

älbäloo
Sour Cherry
آلبالو

anjir
Fig
اَنجیر

närengy
Tangerine
نارِنگی

toot
Mulberry
توت

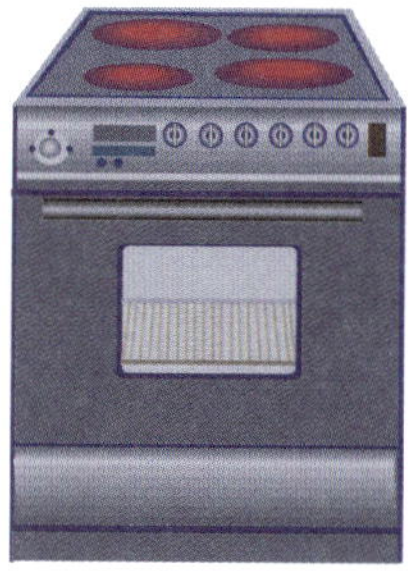

اِسمِ وَسایلِ خانه را بِه فارسی یاد بگیریم

میز miz Desk	**صَندَلی** sandali Chair
یَخچال yakhchäl Refrigerator	**گاز** gäz Stove Oven
تِلِویزیون televizion T.V.	**لِباسشویی** lebässhoee Washing Machine

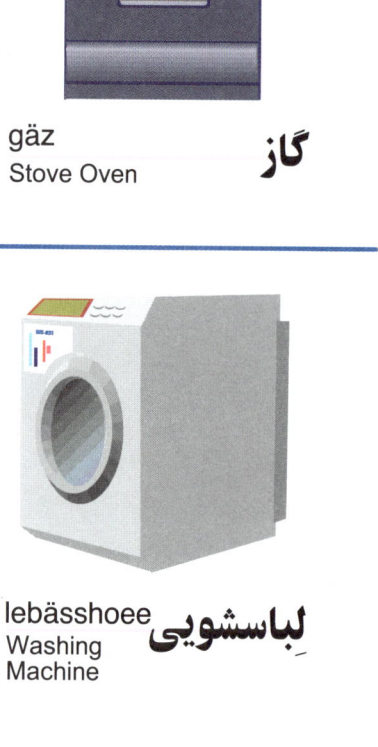

اِسمِ وَسایلِ خانِه را بِه فارسی یاد بگیریم

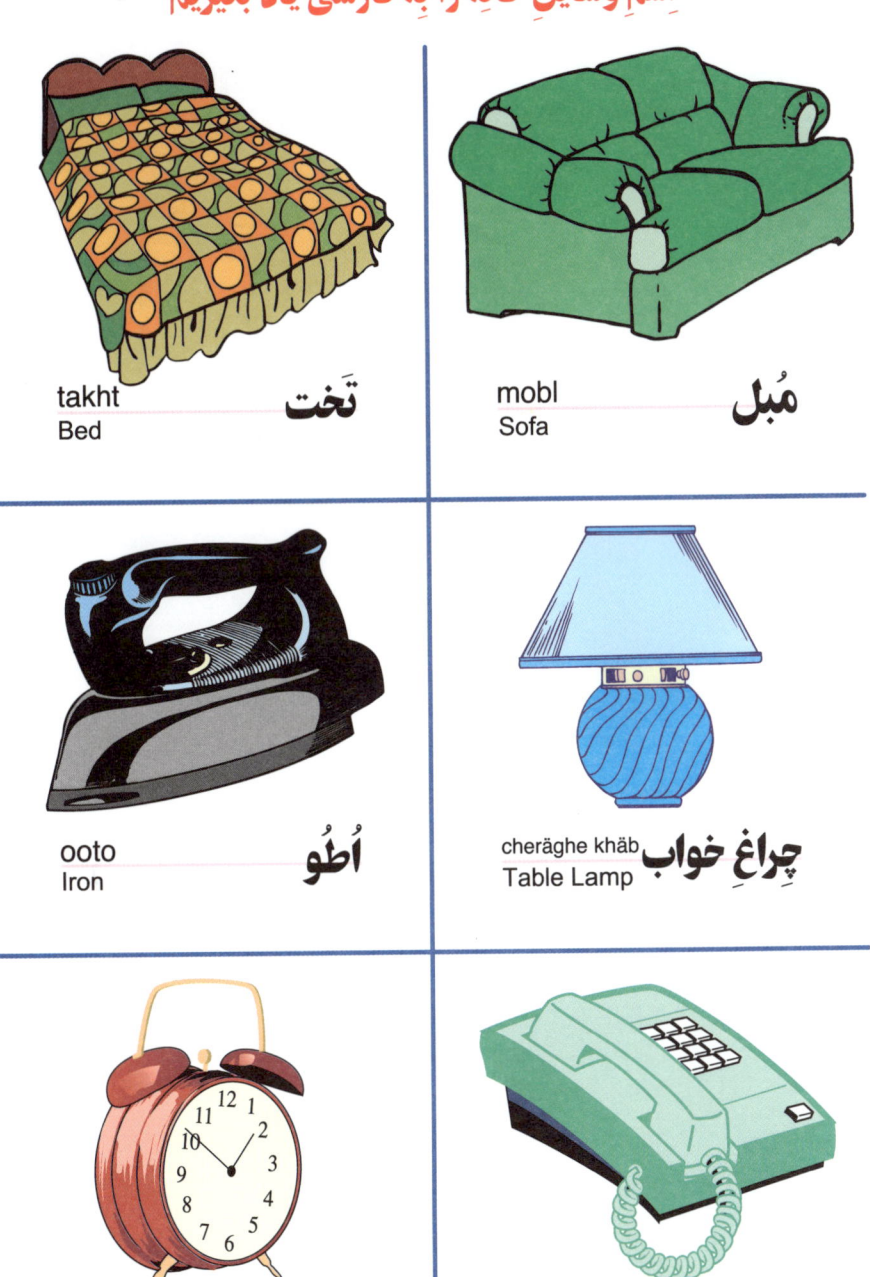

takht
Bed
تَخت

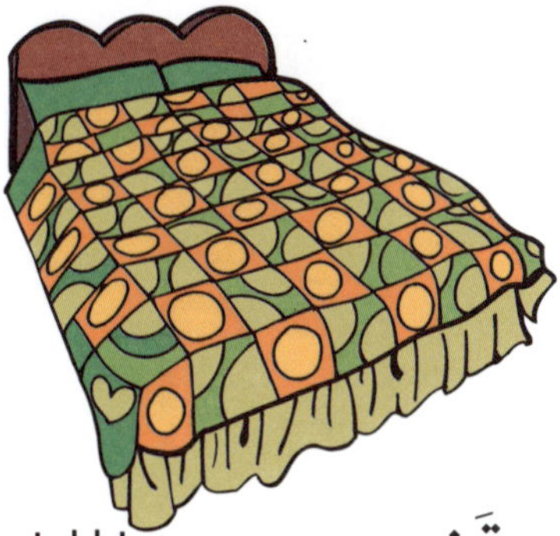

mobl
Sofa
مُبل

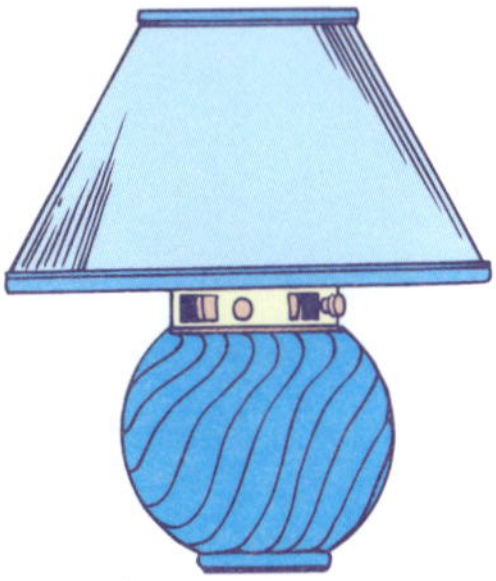

ooto
Iron
اُطُو

cheräghe khäb
Table Lamp
چِراغِ خواب

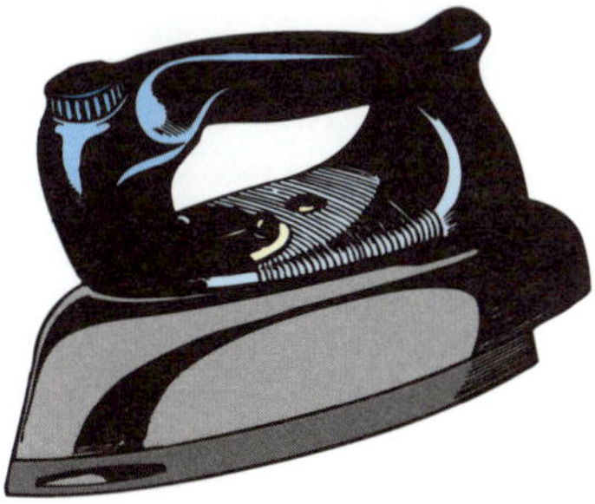

säat
Clock
ساعَت

telefon
Telephone
تِلِفُن

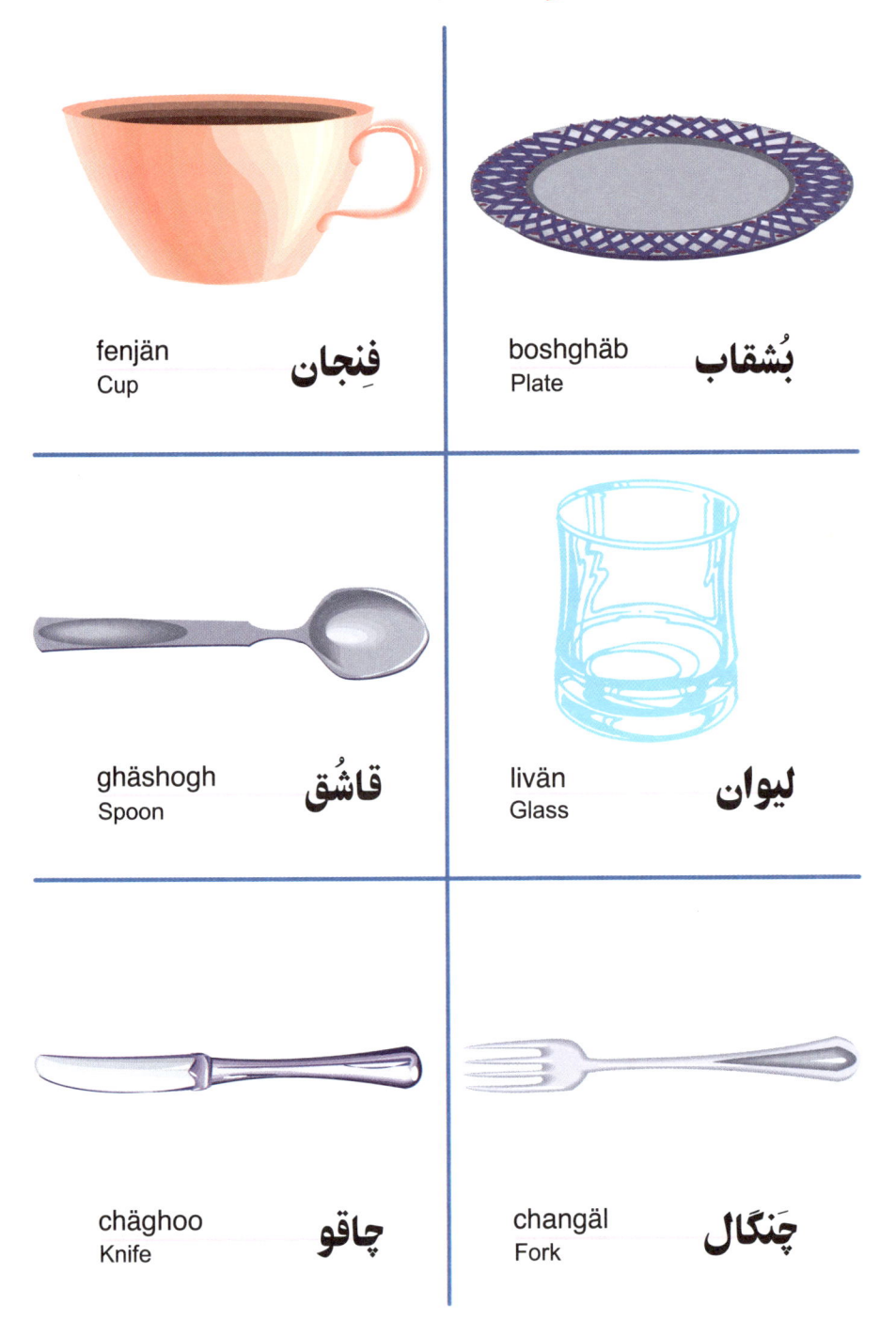

اِسمِ وَسایلِ خانه را بِه فارسی یاد بگیریم

fenjän
Cup

فِنجان

boshghäb
Plate

بُشقاب

ghäshogh
Spoon

قاشُق

livän
Glass

لیوان

chäghoo
Knife

چاقو

changäl
Fork

چَنگال

اِسمِ وَسایلِ خانِه را بِه فارسی یاد بگیریم

satle äshghäl
Trashcan
سَطلِ آشغال

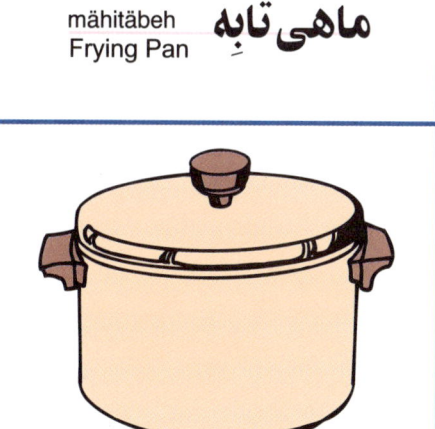

ketäbkhäneh
Library
کِتابخانِه

mähitäbeh
Frying Pan
ماهی تابِه

ketri
Teapot
کِتری

ghäblameh
Pot
قابلَمِه

farsh
Rug
فَرش

خُدا

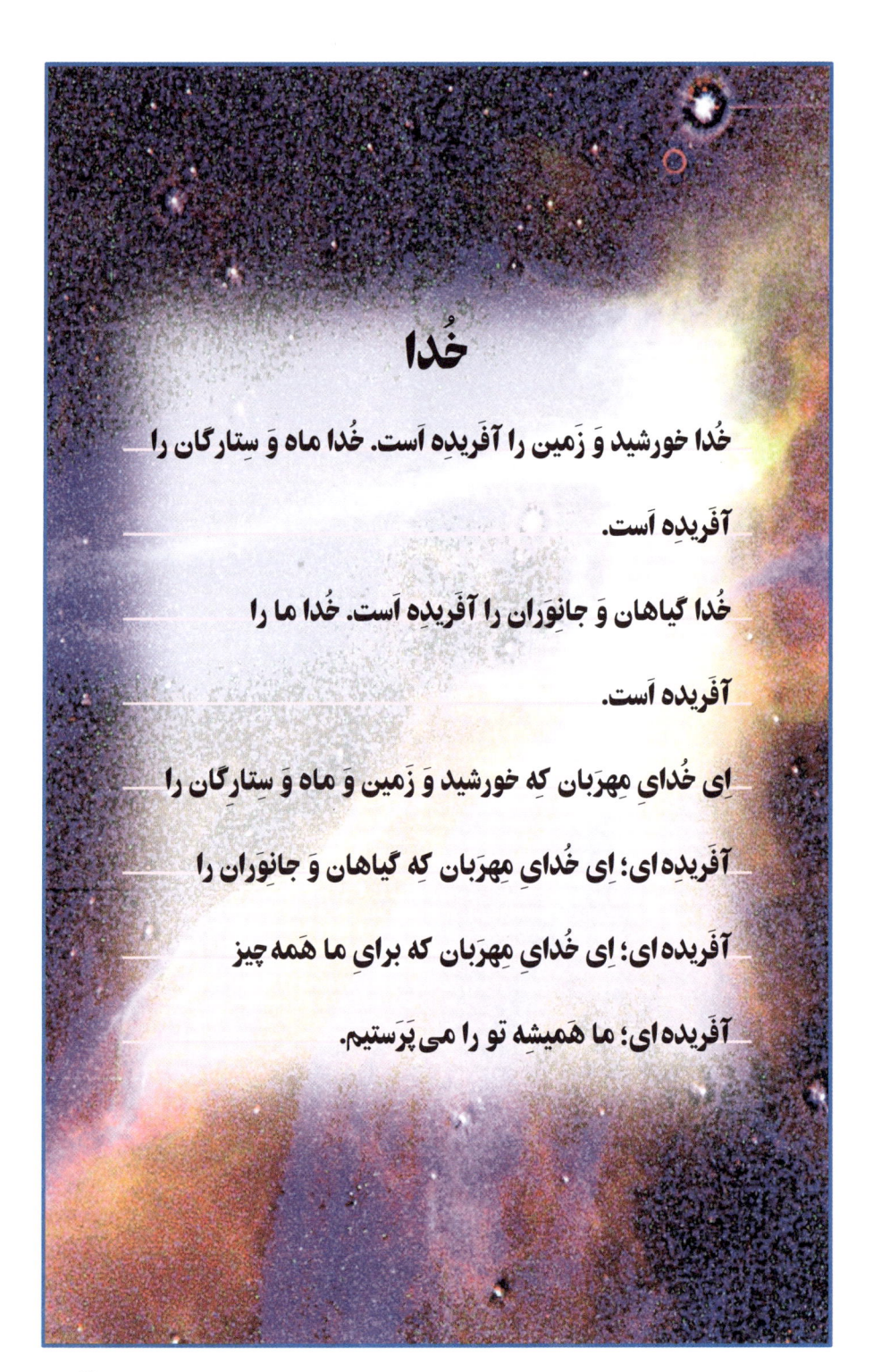

خُدا خورشید وَ زَمین را آفَریده اَست. خُدا ماه وَ سِتارگان را

آفَریده اَست.

خُدا گیاهان وَ جانوَران را آفَریده اَست. خُدا ما را

آفَریده اَست.

اِی خُدای مِهرَبان کِه خورشید وَ زَمین وَ ماه وَ سِتارگان را

آفَریده‌ای؛ اِی خُدای مِهرَبان کِه گیاهان وَ جانوَران را

آفَریده‌ای؛ اِی خُدای مِهرَبان کِه برای ما هَمه چیز

آفَریده‌ای؛ ما هَمیشِه تو را می‌پَرَستیم.

۸۶/۶۲

سُرود ایران

اِی ایــران اِی مَــرزِ پــُر گُهَــر

اِی خــاکَــت سَــرچشمِــهٔ هُنَــر

دور اَز تـــو اَنـدیشِــهٔ بَــدان

پایَـنــدِه مــانــی تـــو جــاودان

اِی دُشمَـن اَز تو سنگِ خارِه‌ای مَن آهَنَم

جــانِ مَــن فَــدایِ خــاکِ پــاکِ میهَنَم

مِهــرِ تـــو چــون شُــد پیشِــه‌ام

دور اَز تــو نیســت اَنـدیشِـــه‌اَم

دَر راه تو کِی ارزِشی دارَد این جان ما

پایَـنــدِه بــاد خــاکِ ایــرانِ مــا

پَرچَمِ ایران

پَرچَمِ ایران زیبا اَست.

پَرچَمِ ایران سِه رَنگ دارَد.

رَنگِ بالایِ پَرچَمِ ایران سَبز اَست.

رَنگِ وَسَطِ پَرچَمِ ایران سِفید اَست.

رَنگِ پایین پَرچَمِ ایران قِرمِز اَست.

ما بِه پَرچَمِ میهَنِ خود اِحتِرام می گُذاریم.

ماه وَ سال

یِک سال دَوازدَه ماه اَست.

اِسمِ این دَوازدَه ماه را یاد بِگیریم.

فَروَردین	اُردیبِهشت	خُرداد
تیر	مُرداد	شَهریوَر
مِهر	آبان	آذَر
دِی	بَهمَن	اِسفَند

چَهار فَصل

یِک سال چَهار فَصل دارَد.

فصلِ بَهار، فَصلِ تابِستان، فَصلِ پاییز وَ فَصلِ زِمِستان.

یِک فَصل سِه ماه دارَد.

فَرَوَردین، اُردیبِهِشت وَ خُرداد ماههایِ فَصلِ بَهار هَستَند.

تیر، مُرداد وَ شَهریوَر ماههایِ فَصلِ تابِستان هَستند.

مِهر، آبان وَ آذَر ماههایِ فَصلِ پاییز هَستَند.

دِی، بَهمَن وَ اِسفَند ماههایِ فَصلِ زِمِستان هَستَند.

فَصلِ بَهار

عِیدِ نوروز، روزِ اَوَّلِ بَهار است.

دَر بَهار، طَبیعَت اَز خوابِ زِمستانی

بیدار می شَوَد.

دَر بَهار، دِرَختها پُر اَز شُکوفِه وَ گُل می شَوَند.

دَر بَهار، بَرفِ کوهها آب می شَوَد.

دَر بَهار، باران زیادتَر می بارَد.

دَر بَهار، رودها پُر آب تَر می شَوَند.

فَصلِ تابِستان

دَر تابِستان، هَوا گَرم می شَوَد.

دَر تابِستان، بیشتَرِ میوِه هایِ دِرَختان

می رِسَد.

دَر تابِستان، کِشاوَرزان مَحصولِ خود را

بَرداشت می کُنَند.

دَر تابِستان، مَدرِسِه ها تَعطیل اَست.

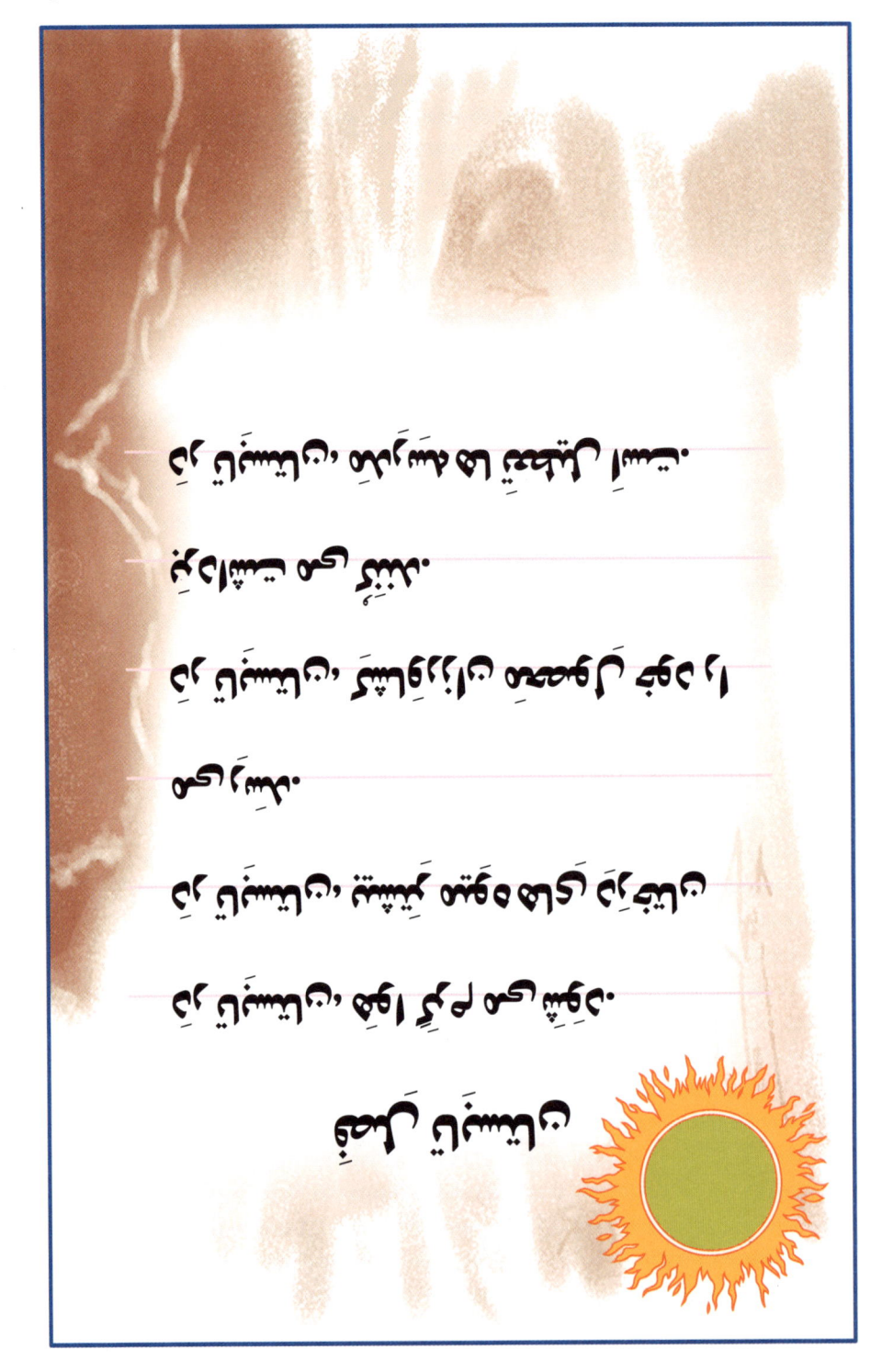

فَصلِ پائیز

اَوَّلِ پائیز مَدرسِه ها باز می شَوَند.

دَر پائیز، رَنگِ بَرگهایِ دِرَختان

عَوَض می شَوَد.

رَنگِ بَرگها، زَرد، قِرمِز، نارِنجی می شَوَد.

دَر آخَرِ پائیز، بَرگهایِ خُشک شُدهٔ دِرَختان

بِه زَمین می ریزَند.

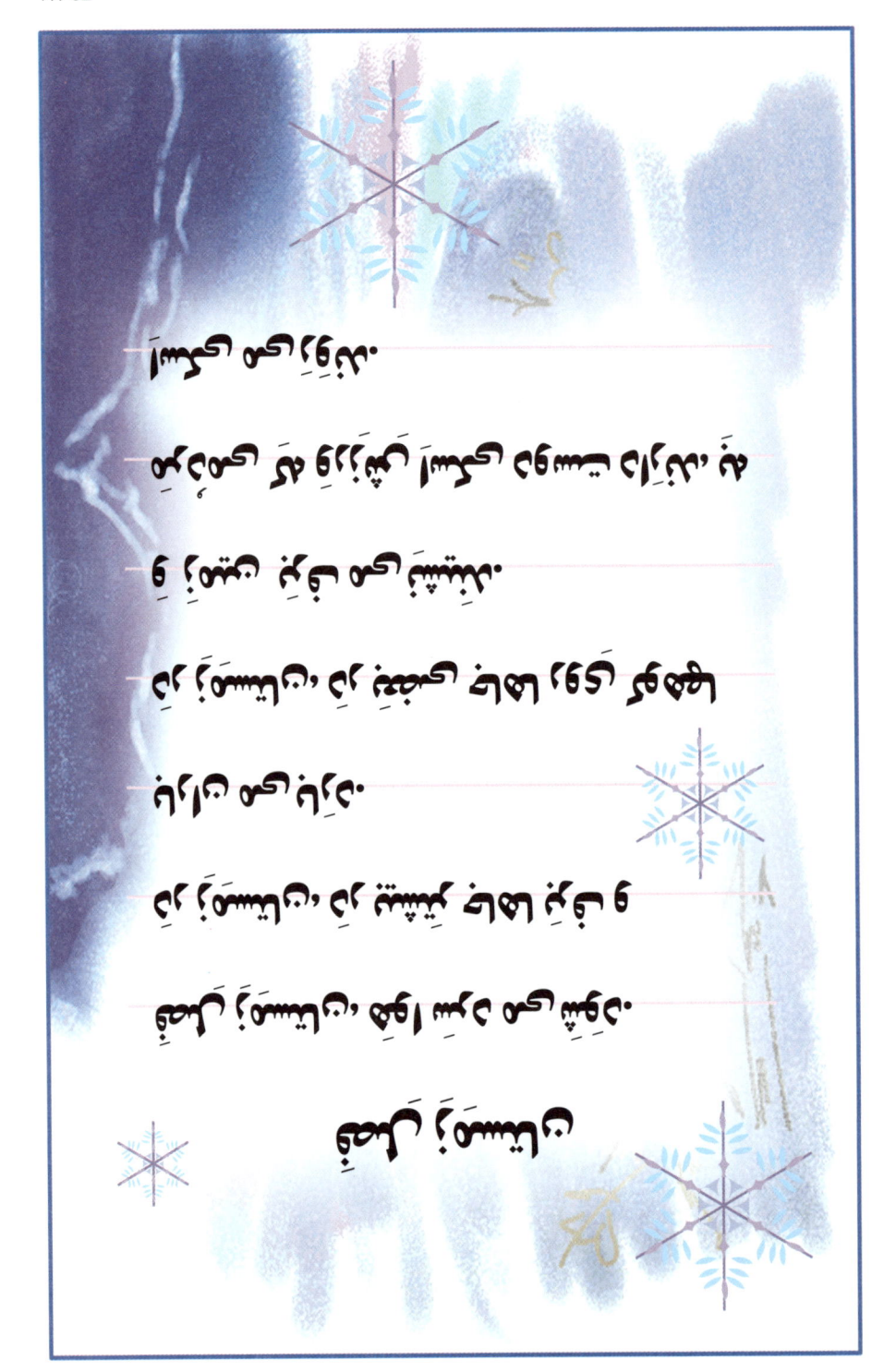

فَصلِ زِمِستان

فَصلِ زِمِستان، هَوا سَرد می شَوَد.

دَر زِمِستان، دَر بیشتَر جاها بَرف و باران می بارَد.

دَر زِمِستان، دَر بَعضی جاها روی کوهها و زَمین بَرف می نِشینَد.

مَردُمی کِه وَرزِشِ اِسکی دوست دارَند، به اِسکی می رَوَند.

روزهایِ هَفتِه

یِک هَفتِه هَفت روز اَست.	شَنبِه
اِسمِ روزهای هَفتِه را یاد بِگیریم.	یِکشَنبِه
شَنبِه. یِکشَنبِه. دوشَنبِه. سِه شَنبِه.	دوشَنبِه
چهارشَنبِه. پَنجشَنبِه وَ جُمعِه.	سه شَنبِه
دَر ایران شَنبِه روزِ اَوَّلِ هَفتِه اَست.	چهارشَنبِه
جُمعِه روزِ آخَرِ هَفتِه اَست.	پَنجشَنبِه
روزِ جُمعِه دَبِستان تَعطیل اَست.	جُمعِه

عِیدِ نوروز

نوروز اَوَّلین روزِ فَصلِ بَهار اَست.

نوروز روزِ اَوَّلِ سالِ ما مَردُمِ ایرانِ اَست.

عِیدِ نوروز را هَمهٔ ایرانیان جَشن می گیرَند.

دَر موقِعِ نو شُدَنِ سال هَمهٔ خانواده دورِ سُفرهٔ

هَفت سین می نِشینَند.

ایران

کِشوَر ایران دَر مَنطقهٔ خاوَرِ میانِه دَر قارهٔ آسیا

قَرار دارَد. پایتَخت ایران شَهرِ تهران است.

هَمسایه هایِ ایران دَر شُمال تُرکَمَنِستان،

آذَربایِجانِ شُمالی وَ اَرمَنِستان، دَر جُنوب

خَلیجِ فارس وَ دریای عُمّان، دَر مَغربِ تُرکیّه وَ

عَراق، دَر مَشرِق اَفغانِستان وَ پاکِستان هَستَند.

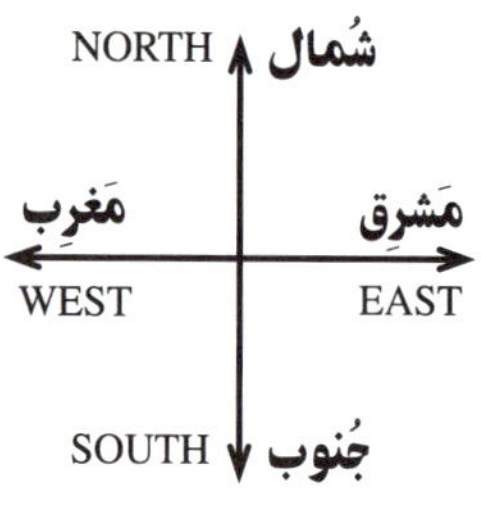

شَهرهایِ مُهمِّ ایران

تِهران – اِصفَهان – مَشهَد – تَبریز – شیراز

آبادان – رَشت – هَمَدان – اَهواز – کِرمانشاه

آثارِ باستانی ایران

تَختِ جَمشید دَر اُستانِ فارس، بیستون دَر شَهرِ کِرمانشاه،

شُوش دَر اُستانِ خُوزِستان، عالی‌قاپو وَ چِهِل سُتون دَر شَهرِ

اِصفَهان وَ بِسیاری آثارِ باستانی دَر شَهرهایِ دیگَرِ ایران.

کوههای مُهِمّ ایران

سِلسِله کوههایِ اَلبُرز دَر شُمالِ ایران وَ سِلسِله

کوههایِ زاگُرس دَر مَشرِق وَ جُنوبِ ایران قَرار دارَند.

دَماوَند بُلَندترین کوهِ ایران است. کوهِ سَبَلان دَر

سِلسِله کوههایِ اَلبُرز، کوهِ اَلوَند وَ دِنا دَر سِلسِله

کوههایِ زاگُرس و دَر مَغرِب ایران قَرار دارَند.

رودهای مُهمِّ ایران

رُودهای مُهمِّ ایران عبارَتَند اَز: رودِ کارون دَر

جُنوبِ ایران (خوزِستان) کِه بِه خَلیجِ فارس می ریزَد.

زایَنده رود دَر اِصفَهان کِه بِه مُرداب گاوخونی می ریزَد.

سِفیدرود دَر گیلان (شُمال) کِه بِه دَریایِ خَزَر می ریزَد.

رودِ اَتَرَک دَر شُمالِ خُراسان کِه بِه دَریایِ خَزَر می ریزَد.

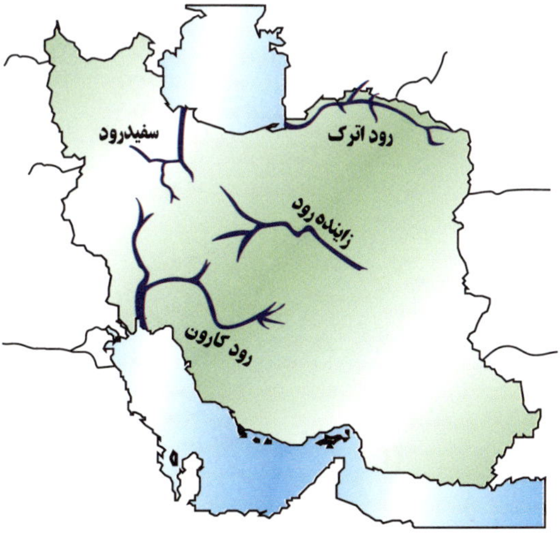

آب و هَوایِ ایران

آب وَ هَوایِ ایران مُعتدِل اَست.

دَر شُمالِ ایران باران زیاد می بارَد.

دَر جُنوبِ ایران هَوا گَرم اَست.

دَر مَرکَز وَ مَشرِقِ ایران هَوا بِسیار خُشک وَ

تابِستان ها گَرم می باشَد.

مَحصولاتِ مُهِمِّ کِشاوَرزیِ ایران عِبارَتَند از:

گَندُم، جو، بِرِنج، پِستِه، مُرَکَّبات، خُرما وَ خُشکبار

صَنایِعِ مُهِمِّ ایران

کارهایِ دَستیِ مَردُمِ ایران بِسیار زیبا اَست.

صَنایِعِ دَستیِ ایران: قالی بافی، کاشی کاری،

مُنَبَّت کاری، خاتَم کاری.

صَنایِعِ مَعدَنی ایران: نَفت، پِتروشیمی،

زُغال سَنگ، ذوبِ آهَن، سیمان وَ آلومینیوم.

نَفت وَ موادِّ پِتروشیمی اَز صادِراتِ مُهِمِّ ایران اَست.

زَبانِ فارسی

فارسی، زَبان بیشتَر مَردُمِ ایران اَست.

ریشهٔ فارسی اَز زَبانهای هِند وَ اُروپایی اَست.

آنچِه هَر فارسی زَبان یا دانِش آموزِ زَبانِ
فارسی بایَد بِدانَد این اَست کِه دَر زَبانِ فارسی
کَلَماتِ عَرَبی زیاد بِکار بُردِه می شَوَد. بَعد اَز
عَرَبی کَلَمِه های تُرکی، فَرانسِه، اِنگلیسی و
روسی هَم بِه زَبانِ فارسی راه پِیدا کَرده اَند.

شِعرِ فارسی

شِعرِ فارسی دَر دُنیا مَعروف اَست.

بِسیاری اَز شاعِرانِ فارسی زَبان دَر دُنیا مَعروف
هَستند وَ اَشعارِ آنها بِه زَبانهایِ مُختَلِف تَرجُمِه
شُده اَست.

شاعِران مَعروفِ ایران عِبارَتَند اَز: خَیّام، حافِظ،
فِردوسی، سَعدی، مولانا (مولَوی).

مُرغابی و لاک پشت

دو مُـرغـابی و یک لاک پشت در اسـتـخـری زندگی می کردند. اتفاقاً آب استخر تمام شد و مُرغابیها تصمیم گرفتند به جای پُرآب تری بروند. پیش لاک پُشت رفتند او گفت من از رفتن شما در رَنجَم سعی کنید مرا هم با خود ببرید.

مرغابیها گُفتند ترا می‌بریم به شرط آنکه دهان خود را باز نکنی لاک پُشت پذیرفت. چوبی آوردند دو سـر آن را مُرغابیها گرفتند لاک پُشت وسط چوب را به دهان گرفت به بالای شهر که رسیدند مردم غوغا کردند و گفتند لاک پُشت را بِبین که هَوَس پرواز کرده. لاک پُشت دهان باز کرد و گفت تا کور شود هر آن که نتواند دید. دهان باز کردن همان و به زمین افتادن همان.

لغـات:

در رَنجم = در زحمت هستم

هَوَس = میل

پَذیرفت = قبول کرد

غوغا = سَر و صِدا

چند سخن از سعدی

سعدیا مرد نکو نام نَمیرد هَرگز

مرده آن است که نامش به نکوئی نبرند

* * *

نابُرده رنج گنج مُیَسّر نمی‌شود

مُزد آن گرفت جان برادر که کار کرد

* * *

دوکس رنج بیهوده بردند و سعی بیفایده کردند، یکی آن که اندوخت و نخورد و دیگر آن که آموخت و نکرد.

لُقمان را گفتند اَدب از که آموختی گفت از بی‌اَدَبان، هرچه از آنها در نَظَرم ناپسند آمد از آن پَرهیز کردم.

مُشک آن است که ببوید نه آن که عطّار بگوید.

لغـات:

مُیَسّر = ممکن	پرهیز = دوری کنی
نَظَر = فکر	اَندوخت = پس انداز کرد
مُزد = در برابر کار پول گرفت	مُشک = بوی خوش
ناپَسَند = ناخوش آیند	آموخت = یادگرفت
بیهوده = باطل	عَطّار = عَطرفروش

شعرهای پر معنی

بنی آدم اعضای یکدیگرند

که در آفرینش زیک گوهرند

چو عضوی به درد آورد روزگار

دگر عضوها را نماند قرار

توکز محنت دیگران بیغمی

نشاید که نامت نهند آدمی

سعدی

* * *

بسی رنج بردم در این سال سی

عجم زنده کردم بدین پارسی

نمیرم از این پس که من زنده‌ام

که تخم سخن را پراکنده‌ام

* * *

هر آن کس که دارد تن و عقل و دین

پس از مرگ برمن کند آفرین

فردوسی

نیـکی

دارا و سینا دو دوست و در کلاس شاگردانی ممتاز بودند به درس آموزگار گوش می‌دادند در موقع درس فکر بازی را نمی کردند و مایه سرفرازی خانواده بودند دارا هرچه یاد می گرفت فقط برای خودش بود اما سینا هرچه یاد می گرفت سعی می کرد که به شاگردانی که یاد نمی گرفتند کمک کند به همین دلیل سینا نزد شاگردان بسیار محبوب بود وقتی هم که بزرگ شد دوستان بسیار خوبی داشت.

لغــات:

ممتاز = خیلی خوب

سرافرازی = سربلندی

محبوب= دوست داشتنی

مثال و گفتار

گر صبر کُنی زغوره حَلوا سازی

قطره قطره جمع گردد وانگهی دریا شود

ازماست که برماست

این دغل دوستان که می‌بینی، مگسانند گرد شیرینی

* * *

درناامیدی بسی امید است

پایان شب سیه سپید است

* * *

دیگران کاشتند و ما خوردیم

ما بکاریم و دیگران بخورند

* * *

میازار موری که دانه کش است

که جان دارد وجان شیرین خوش است

* * *

ای سیر ترا نان جوین خوش ننماید

معشوق من آن است که به نزدیک تو زشت است

* * *

سگ اصحاب کهف روزی چند

پی نیکان گرفت و مردم شد

مال از بهر چیست

می‌گویند که در زمانهای قدیم مردی بسیار ثروت داشت و خیلی خوش رفتار بود. او انگشتری در دست داشت که بسیار باارزش بود. سالی در شهر آنها قحطی آمد و مردم نان و آب و غذا نداشتند یا می‌مردند یا از ضعف به روی زمین می‌خوابیدند. مرد نیکوکار آن انگشتر گرانبها را فروخت و پول آن را به مردم محتاج داد و گفت من انگشتر نداشته باشم بهتر است که خَلقی از گرسنگی بمیرند:

لغـات:

گرانبها = خیلی گران	ثروت = پول زیاد
مسکین = درمانده	درویش = شاعر مسلک
خَلقی = مردمی	نیکوسرشت = خوش رفتار
زجر = سختی	ارزش = قیمت
مُحتاج = کسی که احتیاج دارد	قحطی = فقر
بهر = برای	ضعف = ناتوانی

شبان و گوسفند

مردی بود که رَمه‌های بسیار داشت، و شبانی در خدمت او بود، خیلی پارسا، هر روز شیر گوسفندان را می‌گرفت و پیش صاحب گوسفندان می‌بُرد. آن مـرد آب بر شیـر می‌نهاد و به شبان می‌داد و می‌گُفت: برو بفروش. شبان مرد را نصیحت می‌کرد که خیانت مکن چون هر که خیانت کند عاقِبتش پسندیده نباشد.

اتفاقـاً شبی شبـان گوسفندان را در رودخانه‌ای بی آب خـواباند و خـود بالای بلندی خُـفت. ناگـاه بارانی عظیم بارید و سیلی برخاست و همه گوسفندان را هلاک کرد.

شبان به صاحِبِ گوسفندان گُفته بود: اب بر شیر میامیز، فرمـان نبردی. اکنون همـه آن آبها که به قیمت شیر بِه مردم فُروختی جَمع شدند و گوسفندان ترا بردند.

لغــات:

شبان = گوسفنددار	عاقبت = آخر
رَمه = گوسفند	خُفت = خوابید
می نَهاد = می گذاشت	عظیم = بزرگ
نصیحت = پَند	هلاک = مُرد
خیانت = دزدی	میامیز = مخلوط نکن

داستانی از گلستان سعدی

آورده اند که نوشیروان عادل در شکارگاهی بود برای او صیدی کباب کردند و نمک نبود، غُلامی بِه روستا رفت تا نمک آرد. نوشیروان گفت: نمک بِه قیمتِ بِستان تا رَسمی نشَوَد و خراب نگردد. گفتند از این قدر چه خِلَل آید؟ گفت بنیاد ظُلم در جهان اوّل اندکی بوده، هر که آمد بر او مَزیدی کرد تا بدین غایت رسید.

لغـات:

صید = شکار

غُلام = خدمتکار

روستا = شهرستان خیلی کوچک

خِلَل = در بین

بُنیاد ظُلم = مرکز بدی

اندک = کمی

مَزید = دلیل

نفـت

همه میدانید که نفت در دنیا اَهمّیت فراوانی دارد. کشتیهـایی که در دریا راه می روند، هواپیمـایی که در آسمان پرواز می کند، ماشینهایی که در روی زمین راه می روند همـه از نفت اسـتفـاده می کنند بسیـاری از وَسـایل پلاستیکی مثل بُطری، لوله، اَنواع اسباب بازیها، آسفالت خیابانها همه از مواد نفتی ساخته می شوند.

در ایران منطقـه هـای نفت خـیـز زیاد است در زمـینهـای نفت خـیز چاههای عـمیق می کنند و نفت خـام را از آنجا اِستِخراج می کنند و در پالایشگاه تصفیه می کنند و از آن، قیر، بنزین، گازوئیل، نفت سفید بدست می آورند. بُزرگتـرین ثِروَت ما ایرانیان نفت است که به کشورهای دیگر صادر می شود.

لغـات:

منطقه = قسمت

نفت خیز = منطقه‌ای که نفت دارد

عمیق = گود

استخراج = خارج ساختن کالا از معدن

پالایشگاه = محلی که نفت را تصفیه می کنند

تصفیه = صاف و یکدست کردن

صادر = کالا به خارج از کشور فرستادن

ثروت = مال

کار نیکو کردن از پر کردن است

در داستانها نوشته‌اند در زمانهای قدیم دخترکی زیبا و ظریف اندام تصمیم گرفت گوسالهِ ای را که چند روز بیشتر از عمرش نگذشته بود بر دوش خود بگذارد و از پلّه‌های قصری بالا ببرد. روز اوّل گوساله را بر دوش گذاشت ۵ پله بالا رفت و روزهای بعد هر روز چند پلّه بالاتر رفت تا وقتی که گوساله بزرگ و گاوی شد دخترک آن گاو را بر دوش می‌گرفت و ۸۰ پلّه آن گاو را تا بالای قصر می‌رساند و گفت: کار نیکو کردن از پُر کردن است.

لغـات:

ظریف = کوچک

قصر = خانه خیلی بزرگ

دوش = شانه

حکایت

هرگز از دور زمان ننالیده بودم و روی از گردش آسمان درهم نکشیده بودم مگر وقتی که پایم برهنه بود و کفش به پا نداشتم و پولی نداشتم که کفش بخرم با دلتنگی به جمع مردم رفتم مردی را دیدم که پای نداشت.

آن وقت خدا را شکر کردم و بر بی کفشی صبر کردم.

از گلستان سعدی

دوستان ما

آیا می‌دانید این آرد سفید را که از آن نان ، کیک، شیرینی
درست می کنند از چه درست شده است؟ از گندم
گندم را کی کاشته است؟ دهقان
همان دهقانی که دوست ماست
این نان خوشمزه را کی برای ما می‌پزد؟ نانوا
همان نانوایی که دوست ماست
این خانهٔ راحت را که ما در آن زندگی می کنیم که ساخته؟ بنّا
همان بنّایی که دوست ماست
این کفشهای رنگارنگ و راحت را که می‌پوشیم که دوخته؟ کفّاش
همان کفّاشی که دوست ماست

پس نتیجه می گیریم همهٔ مردم دوستان هم هستند و به
یکدیگر احتیـاج دارند و باید همدیگر را دوست داشـته و
احترام بگذارند.

مـادر

ای مادر عزیز که جانم فدای تو

قربان مهربانی و لطف و صفای تو

هرگز نشد محبت یاران و دوستان

همپایه محبت و مهر و وفای تو

ای مادر عزیز که جان داده ای مرا

سهل است اگر که جان دهم اکنون برای تو

خشنودی تو مایهٔ خشنودی من است

زیرا بود رضای خدا در رضای تو

گر بود اختیار جهانی بدست من

می ریختم تمام جهان را به پای تو

چوپان دروغگو

چوپانی گاه، گاه بی‌دلیل فریاد می‌زد، گُرگ، گُرگ، گُرگ مردم به کُمک او می‌شتافتند، امّا چون گُرگی نمی‌دیدند به خانه برمی‌گشتند.

از قضا روزی گُرگی بِه گلّه زد هرچه چوپان فریاد کرد گُرگ آمده کسی بِه کمک او نرفت وگُرگ هَمِهٔ گوسفندان را دریدٔ و خورد.

حکـــایت

از حاتم طائی که مردی بسیار ثروتمند بود پرسیدند از خود
بزرگــتــر و باهمت‌تر در جـــهــان دیده‌ای یا اسم او را
شنیده‌ای؟

گفت بله، روزی چهل شتر قربانی کرده بودم و عدّه زیادی
را دعوت کرده. پس بگوشه صحرایی بیرون رفتم خارکنی را
دیدم پشته‌ای خار فراهم کرد.

به او گفتم به مهمانی حاتم چرا نروی که خلقی بر سفره او
گرد آمده‌اند؟

گفت:

هر که نان از عمل خویش خورد

منت از حاتم طایی نبرد

او را به همت و جوانمردی و طبع بالا از خود برتر دیدم.

از گلستان سعدی

نصیحَت پدر به فرزندان

اِی فـرزند عزیز و دلبندم: سعی کن در عمـر خود صبح‌ها زود از خوب بیدار شوی، دَست و صورت خود را بشویی، هر لباسی کـه داری بپوش مهم نیست کـه جنس و قیمت آن چیـست، لبـاس باید پاکیـزه باشد با پِدر و مـادر باادب و مهربانی رفتار کن، چون تمیز و با ادب باشی و خوب درس بخوانی نزد همه کس عزیز خواهی بود و خداوند هم از تو خُرسند و راضی است و به تو در زندگی کمک می‌کند.

میهن دوستی

ایران، کِشوری است که پدر و مادر و نیاکان و خودم در آنجا بدنیا آمده ایم.

ایران میهن من است.

طَبیعت زیبا، آثارباستانی، موزه ها، کتابهایی که فکرم را پَروَرِش می‌دهد زبانی که با آن این کتابها را میخوانم، خواهر، برادر، فامیل، و دوستانم و هرچه می بینم و دوست دارم همه جزء میهن من است. من میهن خود را از جان و دل دوست دارم. آرزو دارم وقتی بزرگ شــدم هَرچِه می توانم در راه تَرّقی و پیشرفت ایران بکوشم.

لغـات:

نیاکان = پدربزرگان و مادربزرگان

بکوشم = تلاش کنم

طَبیعت = ماه و خورشید و زمین

جُزء = قسمتی

آثارباستانی = جاهای خیلی قدیمی

تَرّقی = پیشرفت

پَروَرِش = رشد کردن

پیشرفت = بالا رفتن در علم و دانش

مَردُمِ ایران

مَردُمِ ایران از نِژادها وَ قومِ‌های مُختَلِف با دین‌ها وَ زَبانهایِ مُتِفاوِت تَشکیل شُده اَست. ایرانیان چِه دَر ایران باشَند چِه دَر کِشوَرهای دیگَر، خود را ایرانی می‌دانَند وَ ایران و ایرانیان را دوست دارَند.

دَرسِ آخِر

اِمروز دَرسِ آخِرِ کِتابِ اَوَّل را می خوانیم.

اَکنون ما می تَوانیم بِخوانیم وَ بِنِویسیم.

اَز آموزِگارِ خود سِپاسگُزاریم کِه بِه ما

خواندَن وَ نِوِشتَن را یاد داد.

حالا ما می تَوانیم قِصّه ها وَ داستان هایِ

شیرینِ فارسی را بِخوانیم و لِذَّت بِبَریم.

About the Author:
Sedigheh Sadjadi-Banaie completed her formal training and obtained her teaching credentials from the Mashad School of Teachers Training. She continued to work for the Ministry of Education in Tehran and Abadan with a concentrating on teaching Persian Literature and Home Economics. For the past twenty years she has focused her efforts on teaching Farsi and being actively involved in the cultural services in Northern California.

دربارهٔ مؤلف:

صدیقه بنائی (سجادی) تحصیل خود را در دانشسرای مقدماتی تربیت معلم مشهد به پایان رسانیده و بیست سال در وزارت آموزش و پرورش آبادان و تهران به تدریس در رشتهٔ خانه‌داری و ادبیات فارسی اشتغال داشته و اکنون نیز مدت بیست سال است که به تدریس زبان فارسی و خدمات فرهنگی در شمال کالیفرنیا ادامه می‌دهند.